法律监督的有效途径与方法研究

陈竹强　张明砚◎著

中国商务出版社

·北京·

图书在版编目（CIP）数据

法律监督的有效途径与方法研究 / 陈竹强，张明砚
著. -- 北京：中国商务出版社，2024.7. -- ISBN 978-
7-5103-5416-8

Ⅰ. D926.34

中国国家版本馆 CIP 数据核字第 2024W1A146 号

法律监督的有效途径与方法研究

陈竹强　张明砚◎著

出版发行：中国商务出版社有限公司

地　　址：北京市东城区安定门外大街东后巷 28 号　邮　　编：100710

网　　址：http://www.cctpress.com

联系电话：010—64515150（发行部）　　010—64212247（总编室）
　　　　　010—64515164（事业部）　　010—64248236（印制部）

责任编辑：徐文杰

排　　版：北京天逸合文化有限公司

印　　刷：宝蕾元仁浩（天津）印刷有限公司

开　　本：710 毫米×1000 毫米　1/16

印　　张：13.25　　　　　　　　　　字　　数：203 千字

版　　次：2024 年 7 月第 1 版　　　　印　　次：2024 年 7 月第 1 次印刷

书　　号：ISBN 978-7-5103-5416-8

定　　价：79.00 元

前　言

随着社会的快速发展和法治建设的不断深入，法律监督在维护社会秩序、保障公民权益方面的重要性日益凸显。然而，当前我国在法律监督的实施过程中仍存在诸多挑战。一方面，法律监督体系尚不完善，监督手段和方法相对单一，难以全面、有效地覆盖各类法律活动。另一方面，随着科技的飞速发展和全球化的推进，新型法律问题层出不穷，对法律监督提出了更高的要求。因此，本书旨在深入探讨法律监督的有效途径与方法，以适应社会发展的需要。

本书共八章，深入探讨法律监督在现代法治社会中的重要作用及其实现途径。本书第一章概述法律监督的定义与作用、历史发展以及必要性与功能，提供全面的背景知识。第二、三章通过详细剖析司法监督和立法监督的具体实施方式及其存在的问题，揭示现行法律监督体系的挑战和改进空间。第四、五章的重点在于探索法律监督的有效途径以及创新与实践。完善法律法规，明确监督职责，加强司法审查与司法公开，以及提高行政透明度与健全问责制度，提出切实可行的监督途径。第六章通过对科技手段在法律监督中的新兴应用，如大数据、人工智能和区块链技术，为法律监督的现代化提供新的视角。第七、八章深入探讨法律监督与法治社会建设，以及通过法律监督的实效性评估与改进，对法律监督的实际效果进行量化与定性分析，并提出基于评估结果的法律监督改进措施。

作　者
2024.2

目　录

第一章　法律监督概述

第一节　法律监督的定义和作用

一、法律监督的基本概念

（一）法律监督是对法律行为合法性的监察与保障

1. 对法律主体合法性的监察与保障

法律主体是法律行为的基础，其合法性直接关系到法律行为的正当性和有效性。法律监督的首要任务就是对法律主体的合法性进行严格的监察与确认。这包括对个人、组织等法律主体是否具备相应的法律行为能力进行核查，以及对其权利能力和行为能力是否符合法律规定进行评估。这种监察不仅确保了法律主体的适格性，也为后续法律行为的合法性奠定了坚实基础。

2. 对法律内容合法性的监察与保障

法律行为的内容是法律行为的核心，其合法性直接关系到法律行为的效力和社会影响。法律监督的重要职责之一就是对法律行为的内容进行深入的审查和监督，确保其不违反法律的强制性规定，不损害社会公共利益和他人合法权益。这种对法律内容的监察与保障，有助于维护法律的权威性和社会秩序的稳定性。在审查过程中，法律监督机构应注重对法律行为内容的实质性审查，而非仅仅停留在形式审查的层面。这要求监督机构具备深厚的法律专业知识和丰富的实践经验，以便能够准确识别法律行为中可能存在的违法违规情形。同时，对法律行为内容的监察与保障还有助于及时发现和纠正不法行为，防止其对社会造成更大的危害。通过对法律行为的严格把关，法律监督机构能够为社会公众提供一个安全、稳定的法律环境，维护法律的权威性和社会秩序的稳定性。

3. 对法律程序合法性的监察与保障

法律程序是法律行为的重要组成部分，其合法性直接关系到法律行为的公正性和可信度。法律监督的另一重要任务就是对法律程序的合法性进行严格的监察与保障。这包括对法律程序的制定、实施和监督等各个环节进行全面把关，确保其符合法律规定的程序要求和正义原则。在司法实践中，法律监督机构会对案件的立案、侦查、起诉、审判等程序进行全程监督，确保其合法、公正。例如，在刑事案件中，检察机关会对公安机关的侦查活动进行监督，确保其依法取证、合法办案；在审判过程中，法院也会接受社会各界的监督，确保其审判程序公正、公开。这种对法律程序合法性的监察与保障有助于维护司法公正和法治权威。

（二）法律监督是权力制衡机制的重要组成部分

1. 法律监督对政府行政行为的制约与规范

在现代国家治理体系中，政府是公权力的主要执行者，负责社会管理和公共服务。然而，权力往往伴随着滥用的风险，因此，对政府行政行为的监督显得尤为重要。法律监督正是这样一种机制，它通过对政府行政行为的合法性、合理性进行持续审查，确保政府在行使职权时严格遵守法律规定，不侵犯公民的合法权益。法律监督机构会对政府的决策过程、执行过程以及结果进行全面监督。例如，对于涉及公众利益的重大行政决策，法律监督机构会审查其决策程序的合法性、决策内容的合理性以及可能产生的社会影响。这种监督不仅有助于及时发现并纠正行政违法行为，还能促使政府在行使职权时更加审慎、公正。此外，法律监督还能促进政府行政行为的透明度和公开性。通过公开政府决策过程和执行结果，法律监督有助于增强公众对政府行为的信任和理解，从而提升政府的公信力和执行力。

2. 法律监督对司法公正的保障与维护

司法是维护社会公正的最后一道防线。然而，司法权力同样存在滥用的风险。为了防止司法腐败和权力滥用，法律监督在司法领域也发挥着至关重要的作用。法律监督机构会对司法过程进行全面监督，包括案件的立案、侦查、起诉、审判等环节。这种监督旨在确保司法程序的公正性、合法性和效率性。例如，在刑事案件中，法律监督机构会对侦查机关的侦查行为进行监督，防止非法取证、刑讯逼供等违法行为的发生；在审判环节，法律监督机构则会对法庭的审判程序、法官的裁判行为进行监督，确保审判结果的公正性和合法性。

3. 法律监督在社会治理中的积极作用

法律监督还在社会治理中发挥着积极作用。通过参与社会治理过程、监督社会组织的运行和管理，法律监督有助于提升社会治理的法治化水平。例如，在环境保护领域，法律监督机构会对企业的排污行为进行严格监督，确保其符合环保法规的要求；在消费者权益保护方面，法律监督则会关注商品质量、售后服务等方面的问题，保障消费者的合法权益。这种在社会治理中的积极参与和有效监督，不仅提升了社会治理的效率和公正性，还增强了社会的法治意识和法治精神。

（三）法律监督是社会公众参与法治建设的重要途径

1. 法律监督提升了公众的法律意识和法治观念

法律监督的过程，实际上是公众学习、了解和运用法律的过程。通过参与法律监督，公众可以更加深入地了解法律条文、法律原则和法律精神，从而提升自身的法律意识。同时，法律监督也是培养公众法治观念的重要途径。在参与监督的过程中，公众会逐渐形成依法办事、依法维权的思维方式和行为习惯，进而推动整个社会形成尊法学法守法用法的良好氛围。例如，在环境保护领域，公众通过参与环境法律监督，不仅可以了解环境保护的法律法规和政策措施，还能在实践中学会如何运用法律手段维护自身和他人的环境权益。这种参与过程不仅提升了公众的法律意识和法治观念，也为环境保护事业的推进提供了有力的社会支持。

2. 增强公众对法治建设的责任感和使命感

参与法律监督意味着公众不仅是法治建设的受益者，更是推动者和建设者。通过参与监督，公众可以更加直观地感受到法治建设的重要性和紧迫性，从而增强对法治建设的责任感和使命感。这种责任感和使命感会促使公众更加积极地投身于法治建设中，为构建法治社会贡献自己的力量。以社区治理为例，公众通过参与社区法律监督，可以更加深入地了解社区治理的法律法规和政策措施，同时也能为社区治理的改进和完善提出自己的意见和建议。这种参与过程不仅提升了公众对社区治理的责任感和使命感，也为社区治理的民主化、法治化进程注入了新的活力。

3. 法律监督为公众提供了参与法治建设的有效渠道

在传统的法治建设中，公众参与往往受到诸多限制。而法律监督则为公众提供了更加直接、有效的参与渠道。通过参与法律监督，公众可以及时了解法治建设的最新动态和存在的问题，同时也能为法治建设的改进和完善提供有针对性的建议和意见。这种参与方式不仅提高了公众在法治建设中的话语权和影响力，也为法治社会的构建提供了更加广泛的社会基础和群众支持。例如，在立法过程中，公众可以通过参与立法听证会、提出立法建议等方式参与法律监督。这不仅可以保障立法的科学性和民主性，还能促使立法更加符合社会实际和公众需求。同时，在司法过程中，公众也可以通过旁听庭审、参与司法调解等方式参与法律监督，为司法公正和司法透明度的提升贡献自己的力量。

二、法律监督的职能与重要性

（一）确保法律实施的统一性与准确性

法律监督的首要职能是确保法律在整个社会中的统一实施。法律的权威性在很大程度上取决于其是否被统一、准确地执行。法律监督通过对法律实施过程中的各种行为进行监察和督导，旨在防止和纠正法律执行中的偏差，从而保障法律条文能够转化为实际的社会规范。这种统一性和准确性的确保，对于维护社会秩序、促进公平正义至关重要。如果法律得不到统一实施，就可能导致相同或相似的案件在不同地区或不同时间得到不同的处理结果，这无疑会损害法律的权威性和公民的信任感。因此，法律监督在保障法律实施的一致性和精确性方面扮演着重要角色。

（二）维护法治秩序与公民权利

通过法律监督，可以及时发现和纠正违法行为，保障公民的合法权益不受侵犯。同时，法律监督还能防止公权力的滥用，确保国家机关在行使职权时遵守法律规定，从而维护法治的权威性和公民的基本权利。此外，法律监督还有助于提升公民对法治的信仰和认同感。当公民看到违法行为得到应有的制裁，看到法律监督机构公正、高效地履行职责时，他们会更加信任法律，更加愿意遵守法律，从而形成良好的法治氛围。

（三）促进法律体系的完善与发展

通过法律监督实践，可以发现法律体系中存在的漏洞、模糊之处或不合理之处，为法律的修订和完善提供有力的依据。同时，法律监督还能推动法律理论的深入研究和发展。在实践中遇到的问题和挑战，往往需要深入的法律思考和理论探讨才能找到解决方案。这种理论与实践的相互促进，有助于推动法律体系的不断完善和发展，使其更加适应社会的变化和进步。

三、法律监督的社会效应及影响

（一）提升社会法治意识与信仰

法律监督的强化与实施，对于提升整个社会的法治意识具有显著的推动作用。当公众看到违法行为受到法律的制裁，正义得到伸张，他们会对法治产生更深的信任和依赖。这种信任和依赖不仅增强了公民对法律的敬畏感，也促使他们更加自觉地遵守法律，维护法治秩序。此外，法律监督的公开透明也让公众更加了解法律的运行机制和司法程序，从而提高公民的法治素养。公民在参与法律监督的过程中，不仅能够了解法律条文，还能学会如何运用法律武器维护自己的合法权益。这种参与感和获得感进一步强化了公民的法治信仰，为法治社会的构建奠定了坚实的思想基础。

（二）促进社会公平正义与和谐稳定

法律监督是维护社会公平正义的重要手段。通过对违法行为的打击和对合法权益的保护，法律监督确保了社会资源的公平分配和社会秩序的正常运转。当弱势群体受到不公正待遇时，法律监督可以为他们提供有力的支持，确保他们的合法权益不受侵犯。这种公平正义的维护不仅有助于缓解社会矛盾，还能增强社会的凝聚力和向心力。同时，法律监督也有助于维护社会的和谐稳定。通过及时发现和解决社会问题，法律监督能够防止矛盾的激化和扩大，从而避免社会动荡和冲突。在多元化的社会中，法律监督为不同利益群体提供了一个公平对话和协商的平台，有助于促进社会的共识和团结。

（三）推动法治建设与国家治理现代化

法律监督的完善与实施是推动法治建设的重要动力。通过对法律实施过程的监督和评估，我们可以及时发现法治体系中存在的问题和不足，为法治的改进和完善提供有力的依据。这种反馈机制使得法治建设更加符合社会的实际需求和发展趋势。同时，法律监督也是国家治理现代化的重要组成部分。在现代国家治理中，法治是基础和保障。通过加强法律监督，我们可以确保国家机关在行使职权时遵守法律规定，提高行政效率和公信力。这种依法行政、依法治理的理念和实践不仅提升了国家治理的效能和水平，也为社会的长期稳定和繁荣发展提供了坚实的法治保障。

四、检察机关的法律监督

（一）刑事检察职能的实施与法律监督的执行

检察机关在刑事检察领域扮演着维护司法公正与法制统一的重要角色，根据我国《宪法》规定，人民检察院作为国家的法律监督机关，其刑事检察职能不仅限于提起公诉，更涵盖了对刑事案件侦查、审判及执行活动的全面监督。在刑事检察实践中，检察机关通过审查逮捕、提起公诉等诉讼活动，确保刑事法律的正确实施。同时，检察机关还依法对公安机关的侦查活动、人民法院的审判活动以及刑罚执行机关的执行活动进行监督，及时发现并纠正其中的违法行为或裁判错误，以保障刑事诉讼活动的公正性、合法性和有效性。此外，检察机关在刑事检察中还承担着保障犯罪嫌疑人、被告人合法权益的重要职责。通过依法履行监督职能，检察机关能够防止侦查、审判及执行过程中的权力滥用，确保犯罪嫌疑人、被告人在各个诉讼阶段都能得到公正的对待。

（二）民事检察职能的强化与法律监督的深化

检察机关在民事检察方面的职能，同样体现了其法律监督的核心地位。民事检察工作主要涉及对民事诉讼活动的监督，包括对民事判决、裁定、调解书的监督，以及对民事执行活动的监督等。通过对民事案件的审查，检察机关能够发现并及时纠正民事诉讼中的违法行为，维护当事人的合法权益，保障民事法律的正确实施。在民事检察工作中，检察机关需要注重提升法律监督的深度和广度。一方面，要加强对重大、疑难、复杂民事案件的监督，确保法律适用的准确性和公正性；另一方面，要积极探索对新型民事案件的监督方式，如互联网金融、知识产权保护等领域的民事案件，为新兴领域的发展提供有力的法律保障。此外，检察机关还应加强与法院、律师等民事法律主体的沟通与合作，共同推动民事检察工作的创新发展。通过建立健全信息共享、案件移送、联合调查等机制，形成民事检察工作的合力，提高法律监督的效率和效果。

（三）行政检察职能的拓展与法律监督的加强

行政检察是检察机关对行政机关及其工作人员依法行使职权的活动进行监督的重要职能。通过对行政行为合法性的审查，检察机关能够防止和纠正行政机关的违法行为，保障公民的合法权益不受侵犯。在行政检察工作中，检察机关需要不断拓展监督领域和监督方式。一方面，要加强对重点领域和关键环节的监督，如城市规划、环境保护、食品药品安全等领域的行政行为；另一方面，要积极探索对抽象行政行为的监督，如规章、规范性文件的合法性审查等。同时，检察机关还应加强与行政机关的沟通协调，推动行政机关依法行政、规范执法。通过建立健全行政检察建议、督促履职等机制，促进行政机关自我纠错、自我完善，提升行政执法的质量和效率。

（四）公益诉讼检察职能的发挥与法律监督的强化

公益诉讼检察是检察机关为维护国家利益和社会公共利益而提起的诉讼活动。通过公益诉讼检察，检察机关能够依法追究侵害国家利益和社会公共利益的行为的法律责任，维护社会公平正义。在公益诉讼检察工作中，检察机关需要积极发挥法律监督职能，加大对侵害国家利益和社会公共利益行为的打击力度。一方面，要加强对生态环境、资源保护、食品药品安全等领域的公益诉讼工作，切实维护人民群众的生态权益和生命健康权益；另一方面，要积极探索对互联网领域公益诉讼的监督方式，如个人信息保护、网络侵权等领域的公益诉讼案件。同时，检察机关应加强与相关部门的协作配合，形成公益诉讼工作的合力。通过建立健全线索移送、信息共享、联合调查等机制，提高公益诉讼工作的针对性和实效性。此外，还应加强对公益诉讼的宣传普及工作，提高社会公众对公益诉讼的认识和支持度，共同推动公益诉讼事业的发展。

第二节 法律监督的历史发展

一、古代法律监督的萌芽与演变

（一）原始社会的习惯法与舆论监督

1. 习惯法的形成与特点

习惯法，作为原始社会的一种非正式法律规范，是通过世代相传的方式逐渐形成的。这些规范不再是一纸空文，而是深深地烙印在每个氏族或部落成员的心中，成为他们日常生活的行为准则。习惯法的内容丰富多样，涵盖了社会生活的各个方面，如狩猎、分配、婚姻、丧葬等，共同构成了原始社会的"法律"体系。这些习惯法的存在，为原始社会的稳定运行提供了重要保障。习惯法的特点在于其非正式性和灵活性。它不同于现代法律那样具有明确的条文和严格的执行程序，而是更多依赖于社会成员的自觉遵守和氏族或部落首领的权威。同时，习惯法还能够根据社会环境的变化进行调整，以适应新的社会需求和挑战。

2. 舆论监督的作用与机制

在原始社会，舆论监督是一种非常有效的社会控制手段。由于社会成员之间关系紧密，个人行为很容易成为他人关注的焦点。当个人行为违背习惯法时，这种违背行为会迅速在社区内传播，引起广泛的关注和评价。舆论的压力对于维护社会秩序和道德规范至关重要。舆论监督的机制主要体现在两个方面：一是通过口头传播和评价，对违反习惯法的行为进行谴责和排斥；二是通过氏族或部落的内部机制，对违法行为进行惩罚和纠正。这种双重机制确保了舆论监督的有效性和权威性。

3. 习惯法与舆论监督的互动关系

在原始社会中，习惯法与舆论监督之间存在密切的互动关系。习惯法为舆论监督提供了标准和依据，而舆论监督则强化了习惯法的执行力度。当一个人的行为违反了习惯法时，舆论监督就会发挥作用，通过社区成员的评价和谴责来纠正这一行为。这种互动关系使得习惯法和舆论监督成为维护原始社会秩序的两大支柱。同时，随着原始社会的发展和演变，习惯法和舆论监督也在不断地调整和完善。一些重要的习惯法逐渐演变为更加明确和具体的法律规范，而舆论监督也逐渐制度化，形成了专门的执法机构和惩罚机制。这一过程反映了原始社会法律制度的进步和发展。

（二）古代文明的法典与法律执行监督

1. 法典的编纂及其社会意义

随着古代文明的兴起，各国各地开始意识到制定统一法典的重要性。法典的编纂不仅是对过去习惯的总结和提炼，更是对未来社会秩序的规划与设定。例如，古代巴比伦的《汉穆拉比法典》和古罗马的《十二铜表法》，都是各自文明中极具代表性的法典。《汉穆拉比法典》以其详尽的法律条文和明确的惩罚措施，为古代巴比伦社会提供了一个清晰的行为准则。它规定了各种犯罪行为的法律责任，从而有效地维护了社会秩序的稳定。同样，《十二铜表法》也为古罗马社会提供了一套完善的法律体系，使得法律不再是贵族的特权，而是普及每一个罗马公民。这些法典的编纂不仅使法律制度更加明确和统一，也提高了法律的可预测性和权威性。人们可以根据法典来预测自己行为的法律后果，从而更加自觉地遵守法律。同时，法典的权威性也确保了法律在执行过程中的公正性和有效性。

2. 法律执行监督机构的设立与职能

为了确保法典的有效执行，古代文明还设立了专门的法律执行监督机构。这些机构通常由经验丰富的法官和执法者组成，他们负责审理案件、解释法律以及监督法律的执行情况。在古代巴比伦和古罗马，法官和执法者扮演着至关重要的角色。他们不仅需要具备丰富的法律知识和实践经验，还需要具备高尚的职业道德和公正无私的品格。他们的判决和执法行为直接关系到法律的权威性和社会的公正性。这种多元化的监督方式不仅增强了法律监督的力量，还促进了社会公正和民主制度的发展。公民大会、陪审团等民间组织的参与，使得法律的执行更加公开、透明和公正。

3. 法律监督形式的多样化及其影响

古代文明的法律监督形式逐渐多样化，这种多样化的监督形式对古代社会产生了深远的影响。一方面，多样化的法律监督形式提高了法律执行的公正性和效率。不同的监督机构和组织之间可以相互制约和平衡，从而确保法律的公正执行。另一方面，这种多样化的监督形式也促进了社会公正和民主制度的发展。民间组织和宗教机构的参与使得法律的执行更加符合公众的期望和需求，同时也提高了公众对法律的认同感和信任度。古代文明的法典与法律执行监督制度是人类社会发展的重要成果之一。它们为古代社会的稳定与发展提供了坚实的法律基础，同时也为后世的法律制度构建提供了宝贵的经验和启示。这些法典和监督制度的存在使得古代社会在法律制度的保障下得以繁荣和发展。

（三）古代法律监督的特点与影响

1. 法律监督与宗教、道德等社会规范的紧密联系

在古代社会，法律监督往往与宗教、道德等社会规范紧密相连。这是因为，在古代，人们对于神秘力量、宗教信仰以及道德规范有着极高的敬畏之心。宗教教义往往规定了人们的行为准则，而道德规范则在社会生活中引导人们的行为。因此，法律监督在实施过程中，常常与这些社会规范相互交织，共同构成了古代社会的行为规范体系。这种紧密联系的特点体现在多个方面。例如，在古代许多法典中可以看到宗教和道德元素的存在。一些宗教教义被直接写入法律条文，成为法律的一部分。同时，道德规范也在法律监督中发挥着重要作用。在审判过程中，法官不仅会依据法律条文进行判决，还会考虑被告人的道德品质和行为表现。这种将宗教、道德融入法律监督的做法，使得古代法律监督具有更为深厚的社会基础和文化底蕴。此外，这种紧密联系还体现在法律监督的执行过程中。在古代社会，一些宗教机构和道德团体也会参与到法律监督中来。

2. 法律监督形式的多样化

古代法律监督的另一个显著特点是形式的多样化。除了专门的执法机构

和法庭进行监督和执行，还有民间组织和宗教机构的积极参与。这种多样化的监督形式不仅增强了法律监督的力度和广度，还体现了古代社会对法律监督的全面性和多元化需求。

专门的执法机构和法庭是古代法律监督的主要力量，负责审理案件、裁决纠纷以及执行判决等任务。这些执法机构和法庭通常具备专业的法律知识和丰富的实践经验，能够确保法律监督的公正性和权威性。同时，它们会根据实际情况不断调整和完善法律监督的方式和手段，以适应社会发展的需要。然而，古代法律监督并不完全依靠专门的执法机构和法庭。民间组织和宗教机构也发挥着重要作用。例如，在中国古代，乡绅、宗族等民间组织常常参与法律监督工作，通过调解纠纷、倡导道德规范等方式，为法律监督提供了有力的社会支持。

3. 法律监督对后世的影响

古代法律监督的演变对后世产生了深远的影响。一方面，为现代法律监督制度的建立提供了重要的历史借鉴和经验积累；另一方面，也促进了人类文明的发展和社会秩序的稳定。现代法律监督制度在许多方面都借鉴了古代法律监督的经验和做法。例如，现代法律监督制度中的许多原则和制度都源于古代法律监督的实践。同时，古代法律监督的多样性和灵活性也为现代法律监督制度的创新和发展提供了有益的启示和借鉴。这些经验和做法不仅有助于完善现代法律监督制度，还提高了其适应性和有效性。古代法律监督在维护社会秩序和稳定方面也发挥了重要作用。通过有效的法律监督，古代社会得以保持相对稳定的社会秩序和公正的社会环境，为古代社会的发展和繁荣提供了有力保障。同时，也为后世的社会治理提供了有益的参考和借鉴。

二、近代法律监督的形成与发展

（一）法治理念的兴起与法律监督思想的变革

1. 法治理念的兴起与权力的重新审视

近代社会往往处于君主专制或少数统治者集权的状态，法律的制定和执行主要服务于统治阶层的利益。在这种背景下，法律监督更多是统治者用来维护自身权力和社会秩序的工具，而非保障公民权利的手段。然而，随着启蒙运动的兴起，人们开始对传统权力结构进行深刻的反思。启蒙思想家们提出了天赋人权、主权在民等理念，强调权力应当来源于人民，法律的制定和执行应当服务于人民的利益。这一思想的形成，为法治理念的兴起奠定了理论基础，也促使人们重新审视法律监督的目的和意义。法治理念的兴起，使人们意识到法律监督不只是统治者维护自身权力的工具，更应是保障公民权利、维护社会公正的重要手段。这一转变意味着法律监督的性质发生了根本性的变化，从服务于统治者的权力转变为服务于公民的权利。这种转变不仅推动了法律监督思想的变革，也为近代法律监督制度的形成和发展奠定了基础。

2. 法律监督思想的变革与权利保障

随着法治理念的兴起，人们开始深入思考法律监督在保障公民权利方面的作用。传统的法律监督主要关注对违法行为的惩罚，而忽视了对公民权利的保障。然而，在法治的视野下，法律监督不仅仅是对违法行为的打击，更重要的是预防违法行为的发生，保护公民的合法权益。这种思想的变革使得法律监督的范围逐渐扩大。除了打击犯罪行为，法律监督还包括对行政权力的监督、对法律执行情况的检查等多个方面。这种全方位的监督旨在确保法律的正确实施，防止权力的滥用和腐败现象的发生，从而更好地保障公民的权利和自由。

3. 法律监督思想的实践与发展

法治理念的兴起和法律监督思想的变革不只停留在理论层面，还在实践中得到了体现和发展。近代以来，各国纷纷建立了独立的司法机构、设立了宪法法院或行政法院等专门机构来加强法律监督的力度。这些机构的设立不仅提高了法律监督的专业性和权威性，也使得公民在权利受到侵害时能够得到及时有效的救济。同时，随着社会的不断发展进步，人们对法律监督的要求也在不断提高。现代法律监督不仅要求打击违法行为、保障公民权利，还要求提高监督的透明度和公信力、加强国际合作与交流等。这些新的要求推动了法律监督制度的不断创新和完善，使得法律监督在维护社会秩序、保障公民权利方面发挥着越来越重要的作用。

（二）近代国家的法律监督制度建设

1. 设立专门的法律监督机构

近代国家普遍设立了专门的法律监督机构，如检察院、法院等，这些机构的设立旨在加强对法律执行情况的全面监督和管理。检察院作为国家的法律监督机关，确保刑事法律的正确实施；而法院作为审判机关，通过公正公开的审判活动，裁决法律纠纷，维护社会公平正义。这些专门机构不仅提高了法律监督的专业性和效率，也确保了其独立性和权威性，依法独立行使职权，不受其他任何机关、团体和个人的干涉，从而有效地维护了法律的尊严和权威。

2. 制定完善的法律法规

在法律监督制度建设的过程中，各国制定了一系列法律法规，明确了法律监督的职责、权限和程序。这些法律法规为法律监督提供了明确的指导和规范，使其有法可依、有章可循。各国通常会制定刑事诉讼法、民事诉讼法等程序法，明确诉讼程序和监督程序的具体规定。同时，还会制定行政诉讼法、行政复议法等法律，为行政监督提供法律依据。这些法律法规的制定，不仅规范了法律监督的行为和程序，还保障了公民的合法权益。

3. 借鉴和吸收其他国家的先进经验

在法律监督制度建设过程中，各国注重借鉴和吸收其他国家的先进经验。这种借鉴和吸收不仅有助于完善本国的法律监督制度，还能推动国际法治的发展。例如，大陆法系国家借鉴了罗马法的精髓，建立了以法典为基础的法律体系，这种法律体系注重法律的明确性和系统性，为法律监督提供了清晰的法律依据；而英美法系国家则通过判例法不断完善和发展自己的法律体系，强调法官的裁判权和法律的灵活性，为法律监督提供了更加灵活的解决方式。这些不同的法律体系为近代法律监督制度的建设提供了有益的参考和借鉴。通过借鉴和吸收其他国家的先进经验，各国能够不断完善自身的法律监督制度，提高法律监督的效率和公正性。

（三）近代法律监督的实践与挑战

1. 法律监督的实践与探索

近代以来，随着法治理念的深入人心，法律监督逐渐成为社会治理的重要组成部分。各国在实践中不断探索和完善法律监督的方式和方法。这些法律法规不仅涵盖了刑事诉讼、民事诉讼、行政诉讼等领域，还对监督程序、监督手段等进行了详细规定。各国也注重加强执法力度，确保法律得到有效执行。通过这些措施，法律监督的效率和公正性得到了显著提升。此外，近代国家还积极探索新的监督方式和手段。例如，引入社会监督，鼓励公众参与法律监督过程，提高监督的透明度和公信力；加强舆论监督，通过媒体曝光违法行为，形成对违法者的社会压力等。这些新的监督方式不仅丰富了法律监督的手段，还提高了监督的实效性和针对性。

2. 法律监督面临的挑战

尽管近代法律监督在实践中取得了显著成效，但仍面临诸多挑战。首先，法律制度的不完善和执行力的不足是制约法律监督效果的重要因素。由于法律法规的滞后性和执法过程中的种种问题，法律监督往往难以达到预期效果。其次，随着社会的快速发展和变革，新的法律问题不断涌现，对法律监督提出了更高的要求。例如，网络犯罪、跨国犯罪等新型犯罪形式的出现，给法律监督带来新的挑战。这些挑战要求法律监督体系必须不断创新和完善，以适应社会发展的需要。公众对法律监督的期望和要求也在不断提高，不仅关注法律监督的结果，还关注监督过程的公正性、透明度和效率。这要求法律监督机构必须加强自身建设，提高专业素养和职业道德，以更好地满足公众的期望和要求。

3. 应对挑战的策略与展望

为了应对上述挑战，近代国家采取了多种策略来加强法律监督的实践和创新。包括修订现有法律法规，以适应社会发展的需要；制定新的法律法规，以应对新型法律问题；加强法律法规的宣传和教育，提高公众的法律意识和素养；加大执法力度，确保法律得到有效执行。同时，加强执法机构之间的协调与配合，形成合力打击违法行为；建立健全执法监督机制，防止和纠正执法过程中的不正之风。积极探索新的监督方式和手段，形成多元化的监督体系。这包括引入社会监督、加强舆论监督等新的监督方式，利用现代信息技术手段提高监督的效率和公正性以及加强与国际社会的合作与交流，共同应对跨国犯罪等新型法律问题。

三、现代法律监督的完善与创新

（一）法律监督机制的日臻完善

现代法律监督机制的完善是一个多维度、多层次的过程。其中，最为重要的是法律监督的独立性得到显著增强。在许多国家，法律监督机构被赋予更大的独立性和自主权，以确保其能够有效地履行监督职责，而不受其他行政或政治力量的干预。这种独立性的提升，不仅提高了法律监督的公正性和效率，也增强了公众对法律监督机构的信任。

此外，现代法律监督机制还注重多元化和综合性。除了传统的司法监督，还引入了社会监督、舆论监督等多种形式，形成了全方位的监督体系。这种多元化的监督机制使法律监督更加全面、深入，有效地减少了监督盲区，提高了监督效果。同时，现代法律监督机制还强调预防性原则。通过对潜在的法律问题进行及时发现和预防，减少违法行为的发生，保护公民的合法权益。这种预防性的监督机制不仅降低了法律纠纷的发生率，也提高了社会的法治水平。

（二）科技在法律监督中的广泛应用

随着科技的飞速发展，现代法律监督体系积极引入各种先进技术，以提高监督的效率和准确性。其中，信息技术在法律监督中的应用尤为突出。通过大数据、云计算等技术手段，法律监督机构能够快速收集、整理和分析大量数据，为监督决策提供科学依据。这种数据驱动的监督方式不仅提高了监督的精准度，也增强了监督的时效性。

除了信息技术，人工智能也在法律监督中发挥着越来越重要的作用。通过自然语言处理、机器学习等技术手段，人工智能可以协助法律监督机构进行案件分析、证据收集等工作，大幅提高了监督效率。同时，人工智能还可以帮助法律监督机构发现潜在的违法行为，提高监督的主动性和预防性。科技在法律监督中的广泛应用不仅提高了监督的效率和准确性，还为法律监督的创新发展提供了新的动力。未来，随着科技的不断进步和应用领域的拓展，科技在法律监督中的作用将更加凸显。

（三）法律监督的国际化趋势

随着全球化的不断深入和发展，法律监督呈现国际化的趋势。一方面，各国之间的法律交流和合作日益频繁，共同打击跨国犯罪、维护国际法治成为各国的共同诉求。在这种背景下，国际法律监督机构如国际刑事法院等逐渐崭露头角，为维护国际法治发挥了重要作用。另一方面，随着国际人权法、国际环境法等领域的快速发展，法律监督的国际化也面临新的挑战和机遇。各国需要加强合作与协调，共同应对全球性的法律问题。例如，在打击跨国犯罪、保护人权等方面，各国需要形成合力，加强信息共享和协作配合，以提高法律监督的效率和效果。同时，国际化趋势也为各国提供了学习和借鉴他国经验的机会。通过参与国际法律交流和合作，各国可以了解其他国家的法律监督制度和实践经验，为本国法律监督的完善和创新提供有益的参考和借鉴。这种国际化的交流和合作不仅有助于提升各国的法治水平，也为构建人类命运共同体奠定了坚实的法治基础。

第三节　法律监督的必要性与功能

一、法律监督的必要性

（一）维护法律权威，确保法制统一

1. 保障法律实施的正确性

法律监督的首要任务是确保法律得到正确实施。在现代社会中，法律条文繁多，涉及面广泛，而法律实施的过程中难免会出现理解和执行上的偏差。

这些偏差如果不及时纠正，不仅会影响法律的公正性和权威性，还可能导致社会秩序的混乱。因此，法律监督机构通过定期的检查、审查和监督，确保各级执法机关和司法机关在法律实施过程中严格遵循法律条文，防止偏离法律原意的情况发生。这种对法律实施过程的严密监控，是维护法律权威性的基础。为了保障法律实施的正确性，法律监督机构还会对法律解释进行把关。在多元化的法律体系中，不同的法律部门和利益群体可能会对同一法律条文有不同的解释。法律监督机构通过权威的解释和指导，消除这种差异，确保法律解释的一致性和准确性。这不仅有助于统一法律适用标准，还能增强公众对法律的信任和认同。

2. 防止法律滥用和误用

法律监督的另一个重要功能是防止法律的滥用和误用。在现实生活中，由于各种复杂因素的影响，法律有时会被滥用或误用，导致不公正的判决或执法行为。这种情况如果得不到及时纠正，就会严重损害法律的权威性和公众的信任感。法律监督机构通过严格的监督和审查机制，及时发现并纠正这些滥用和误用法律的行为。例如，在司法审判中，如果发现有法官或检察官滥用职权、徇私舞弊的情况，法律监督机构会立即介入调查并给予相应的处罚。这种严格的监督机制有效地遏制了权力的滥用和腐败现象的发生，保护了法律的纯洁性和权威性。同时，法律监督还关注公众对法律的理解和运用。通过普及法律知识、提供法律咨询等方式，帮助公众正确理解和运用法律武器维护自身权益。这种对公众的法律教育和引导也是防止法律滥用和误用的重要手段。

3. 促进法制统一和协调发展

法制统一是法治国家的基本原则之一。然而，在实际操作中，由于地域差异、部门利益等因素的影响，法制统一往往面临挑战。法律监督在这一方面发挥着至关重要的作用。如果发现存在与法律原则相悖的地方性法规或部门规章，法律监督机构会及时提出修改意见并要求相关部门进行整改。这种对法制统一的维护和促进功能使得法律监督成为确保国家法制统一和协调发展的关键力量。此外，法律监督还通过推动立法完善来促进法制的协调发展。

这种立法反馈机制有助于法律体系的不断完善和发展，从而更好地适应社会发展的需要。

（二）保障公民权利，防止权力滥用

1. 监督和规范国家机关行为

国家机关作为公共权力的代表，其行为直接影响公民的权利和利益。如果缺乏有效的监督，国家机关及其工作人员可能会出现滥用权力、玩忽职守等行为，进而损害公民的合法权益。一旦发现有违法违规行为，法律监督机构将及时介入，进行纠正和处罚。这种严格的监督机制不仅规范了国家机关的行为，还提高了其工作效率和服务质量，从而有效地保障了公民的权利。此外，法律监督还促进了国家机关的透明度和公开性。公众有权知晓国家机关的工作情况和决策过程，这有助于建立公众对国家机关的信任，并增强其对法律的信仰。

2. 保护公民免受权力滥用之害

权力的滥用是公民权利的最大威胁之一。在某些情况下，执法机关或个别工作人员可能会利用手中的权力为个人牟取私利，或者是对公民进行不公正的对待。法律监督在这方面发挥着至关重要的作用。通过对执法行为的规范和约束，法律监督确保执法机关在法律框架内行使权力。例如，在刑事侦查过程中，监督机构会严格审查侦查行为的合法性，防止刑讯逼供、非法取证等侵犯人权的行为发生。这种对执法行为的严格监督，为公民提供了一层坚实的保护屏障，使其免受权力滥用的伤害。同时，法律监督还为公民提供了救济途径。当公民认为自己的权利受到侵犯时，可以通过法律监督机构进行申诉和控告。监督机构会依法进行调查处理，为公民主持公道，恢复其被侵犯的权利。

3. 确保法律的公正实施

法律监督不仅关注国家机关和执法机关的行为，还关注法律的公正实施。法律的公正实施是保障公民权利的基础。如果法律得不到公正实施，公民的权利将会受到威胁。无论是在民事诉讼、刑事诉讼中，还是在行政诉讼中，监督机构都会密切关注案件的审理过程，确保法官、检察官等司法人员依法行使职权，不受外界任何的干扰和影响。此外，法律监督还促进了司法透明度的提高。公众有权了解案件的审理过程和结果，这有助于增强公众对司法系统的信任感。透明的司法过程还可以鼓励公众积极参与法律监督，共同维护法律的权威性和公正性。

（三）推动法治建设，提升国家治理水平

1. 促进依法行政与决策

在推动法治建设的进程中，依法行政与决策的科学性至关重要，而法律监督则是确保二者有效实施的关键因素。依法行政是现代法治国家的基本原则，要求政府机构及其工作人员在行使行政权力时，必须严格遵循国家法律法规，不得有任何超越法律的行为。同时，法律监督能提供有效的反馈机制，及时发现并纠正行政行为中的偏差和错误，从而维护法律的权威性和公正性。此外，法律监督对于科学决策同样重要。法律监督能够确保政府在制定政策时充分考虑法律因素，避免出现与法律相悖的决策。通过法律监督，还能促进政府决策的透明度和公众参与度，从而增强其合法性和可接受性。法律监督在促进依法行政和科学决策中发挥着核心作用。因此，在推动法治建设的过程中，必须高度重视和加强法律监督，以确保国家治理水平的提升和法治社会的全面实现。

2. 完善法律制度与提供修订参考

法律监督在发现和纠正法律制度中存在的问题和不足方面也具有重要作用。法律制度是法治建设的基础，但任何法律制度都不可能完美无缺。随着时间的推移和社会的发展，法律制度可能会暴露出一些问题或不足之处。法律监督机构通过日常的监督和检查工作，能够及时发现这些问题，并为法律的修订和完善提供重要的参考。例如，在刑事司法领域，法律监督机构可能会发现某些法律条款在实际应用中存在歧义或难以操作的情况。他们可以向立法机关提出修改建议，使法律更加明确、具体和可操作。这种对法律制度的不断完善和修订，不仅提高了法律的适用性和有效性，还增强了法律的权威性和公信力。

3. 增强公众对法治的信任感和认同感

法律监督通过公开透明的方式，增强公众对法治的信任感和认同感。在现代社会中，公众对法治的信任是法治建设的重要社会基础。如果公众对法治缺乏信任感和认同感，法治建设就难以深入推进。法律监督机构通过公开透明的监督和检查工作，让公众了解法律的执行和实施情况，从而增强公众对法治的信任感和认同感。例如，当公众看到法律监督机构依法对违法行为进行查处和制裁时，他们会感受到法律的公正和威严；当公众看到法律监督机构积极推动法律制度的完善和修订时，他们会感受到法治的进步和发展。这种信任感和认同感不仅为法治建设奠定了坚实的社会基础，还激发了公众参与法治建设的积极性。

二、法律监督的功能

（一）保障法律体系的完整与统一

法律监督的首要功能是维护国家法律体系的完整性和统一性。在一个多元化的法律体系中，各个法律部门之间、各种法律规范之间必须保持内在的逻辑一致性和协调性。然而，由于立法技术、立法程序以及社会变迁等多种因素的影响，法律体系内部可能会出现矛盾、冲突或重复的现象。这时，法律监督就发挥了其独特的作用。法律监督通过及时发现和纠正法律体系内部的矛盾和问题，确保法律部门之间的和谐统一。这种统一不仅体现在法律规范的文本上，更体现在法律实施的过程中。法律监督机构通过对法律实施情况的监督检查，确保各个法律部门在实际操作中能够相互配合、协调一致，形成一个有机统一的法律体系。此外，法律监督还有助于消除法律规范之间的"灰色地带"（即那些模糊不清、容易引起争议的法律问题）。通过法律监督的实践，可以不断明确法律规范的界限和适用范围，减少法律实施中的不确定性和随意性，使法律体系更加严谨、科学。

（二）促进法律的正确实施与司法公正

法律监督的第二个功能是促进法律的正确实施和司法公正。法律的生命力在于实施，而实施的关键在于公正。然而，由于各种原因，法律在实施过程中可能会出现偏差或错误，这不仅会损害法律的权威性和公信力，还会对当事人的合法权益造成侵害。法律监督通过对法律实施过程的全面监督，确保法律得到正确、公正的实施。这包括对执法行为、司法程序的监督以及法律解释和适用等的监督。通过这些监督活动，可以及时发现和纠正执法中的违法行为、司法中的不公正现象以及法律解释和适用中的错误，从而保障法律的正确实施和司法公正。同时，法律监督还有助于提升司法人员的职业素养和业务能力，确保司法活动的公正性和高效性。

（三）制约权力滥用与防范腐败

法律监督的第三个功能是制约权力的滥用和防范腐败。在现代社会，权力是一把双刃剑，既可以维护社会秩序和公共利益，也可能被滥用而损害公民的权利和社会的公正。因此，对权力的制约和监督显得尤为重要。法律监督正是对权力进行制约和监督的重要手段之一。法律监督通过对国家机关及其工作人员的行为进行监督检查，确保其依法行使职权、不滥用权力；同时，通过公开透明的方式对权力的运行进行监督，增强公众对权力的信任感和认同感，从而防范权力的腐败和滥用。此外，法律监督还可以通过对腐败行为的揭露和惩处起到警示和震慑作用，形成风清气正的政治生态和社会氛围，推动社会的和谐稳定与持续发展。这种对权力的制约和监督功能使得法律监督成为现代法治体系中不可或缺的一环。

三、法律监督的实践意义

（一）巩固法治根基，彰显法律威严

法律监督的实践意义首先体现在对法治根基的巩固和对法律威严的彰显。法治是现代国家治理的基本方式，而法律监督是确保法治得以实施的重要保障。在实践中，通过监督执法和司法等法律实施活动，法律监督确保法律能够被严格执行，从而巩固法治的根基。当法律得到公正、严格的执行时，公

众对法律的信任和敬畏也会随之增加，进而彰显出法律的威严。法律监督在实践中的运作，可以有效地遏制权力滥用和腐败现象，保证国家权力的行使始终在法治的轨道上运行。这种对权力的制约和监督，使得法律不再只是书面规定，而是具备实际威慑力和执行力的规范。当公众看到法律在日常生活中得到严格执行时，自然会增强对法律的信任和敬畏，从而更加自觉地遵守法律，形成良好的法治氛围。

（二）维护社会秩序，保障公民权益

法律监督的实践意义还在于维护社会秩序和保障公民权益。社会稳定是国家发展的基础，法律监督正是维护这一秩序的重要手段。通过打击违法行为和保护合法权益，法律监督为社会的和谐稳定提供了有力保障。在实践中，法律监督机构通过对违法犯罪行为的查处，有效维护了社会治安，保护了民众的生命财产安全。同时，法律监督还特别关注弱势群体的权益保护，如消费者权益和劳动者权益等，确保社会公平正义的实现。这种对公民权益的全方位保障，赋予了法律监督在实践中深远的社会影响。

（三）推动社会进步，促进国家发展

法律监督的实践意义最终体现在推动社会进步和促进国家发展方面。法律监督不仅关注法律的执行和实施，更关注法律与社会发展的紧密结合。在实践中，法律监督通过不断发现并解决社会问题，推动社会进步和发展。例如，在环境保护领域，通过查处和整治环境污染行为，法律监督促进了环境保护意识的提升和相关政策的完善；在食品安全领域，通过严格监管和打击食品安全问题，法律监督保障了民众的健康和安全。这些实践中的法律监督活动直接或间接地推动了社会的进步和发展。同时，法律监督还有助于提升国家治理能力和治理水平。在实践中，法律监督通过监督国家机关及其工作人员的行为，促使其依法履职，提升国家机关的工作效率和公信力，为国家的持续发展奠定坚实基础。

第二章 司法监督

第一节 司法监督的概念和特点

一、司法监督的基本概念

（一）司法监督的界定与背景

1. 司法监督的界定

司法监督作为现代法治国家不可或缺的重要组成部分，从本质上看，是指国家司法机关依据宪法和法律赋予的职权，对司法活动本身及其影响司法公正的相关活动进行监察、督促和纠正的行为。这一过程不仅关乎司法权力的正当行使，更直接关系到法律的尊严、社会的公正与民众的信任。具体而言，司法监督具有以下几个核心要素：第一，监督主体明确，司法监督主要由司法机关自身以及具有法定监督权的其他国家机关（如立法机关、行政机关中的监察部门）实施，同时也包括社会公众和媒体等外部力量的间接监督。第二，监督对象广泛，既包括司法机关内部的审判、检察、执行等活动，也涵盖影响司法公正的外部因素，如司法人员的职业操守、司法程序的合法合规性等。第三，监督依据明确，司法监督必须严格遵循宪法和法律的规定，确保监督行为的合法性和正当性。第四，监督目的明确，通过监督促进司法公正、提高司法效率、维护司法权威，进而保障公民权利和社会公共利益。

2. 司法监督的背景

司法监督的兴起和发展有着深刻的时代背景和历史必然性。一方面，随着现代法治理念的深入人心，人们对司法公正的追求日益强烈。司法作为维护社会公平正义的最后一道防线，其公正性直接关系到社会的稳定和民众的幸福。因此，司法权力的正确行使，成为现代法治国家的共同选择。另一方面，腐败和不公现象的存在促使各国政府和社会各界加强对司法监督的重视。腐败不仅严重损害司法权威和公信力，还侵蚀社会公平正义的根基。为了有效遏制腐败的发生，各国纷纷建立健全司法监督机制，不断提高司法监督的效能和公信力。加强司法监督是推进依法治国的重要举措之一，也是保障法律公正、维护社会稳定的必然要求。近年来，我国不断完善司法监督机制，推动司法公开透明，努力构建公正、高效、权威的社会主义司法制度。同时，随着信息技术的快速发展和普及，网络监督等新兴监督方式也为司法监督提供了新的平台和手段，进一步拓宽了司法监督的广度和深度。

（二）司法机关行使司法权的重要性

1. 维护法治秩序与国家权威

司法权作为国家权力体系中的关键分支，其独立、公正地行使不仅是法律实施的最终保障，更是国家法治秩序稳固的基石。在维护法治秩序方面，司法机关通过审理各类案件，确保法律的统一适用和严格执行。司法裁决的终局性和权威性，使得法律纠纷得以有效解决，社会成员间的权利义务关系得以明确，从而维护了社会的和谐稳定。同时，司法机关在行使司法权的过程中，不断诠释和丰富法律内涵，推动法律体系的完善和发展，为法治秩序的长远稳定奠定坚实基础。在国家权威方面，司法权的行使直接关系到公众对国家和法律的信任度，一个能够公正裁决纠纷、维护公平正义的司法体系，必然能够增强公众对国家和法律的认同感和归属感，从而巩固国家的权威地位。

2. 保障人权与促进社会公正

司法权的核心价值在于通过独立公正的活动，确保每个社会成员的基本权利和自由得到尊重与保护，进而推动社会的整体公正。在保障人权方面，司法机关行使司法权是对公民基本权利的最后一道防线，当公民的权益受到侵害时，司法机关通过审理案件，依法作出裁决，为受害者提供法律救济，恢复其被侵害的权利。这一过程不仅是对个体权益的维护，更是对人权普遍价值的坚守，体现了法治社会对人的尊严和价值的尊重。同时，司法机关在行使司法权的过程中，通过公正、公开的审判活动，向社会传递法治理念和公正价值。这种传递不仅增强了公众对法律的信任和尊重，也促进了社会公正观念的形成。司法机关的裁决往往成为社会评价公正与否的标尺，其公正性直接影响社会对公正的认知和追求。此外，司法机关行使司法权还有助于发现和纠正社会中的不公现象，在处理案件时，司法机关不仅关注个体的权益，还着眼于社会整体的公正。通过审理涉及社会敏感问题和道德争议的案件，司法机关可以揭示并纠正社会中的不公现象，推动社会向更加公正的方向发展。

3. 塑造法治文化与价值观

司法权作为法治体系的核心要素，其行使过程不仅关乎法律的适用与裁决，更深刻地影响着社会的法治观念和价值导向。在塑造法治文化方面，司法机关通过行使司法权，将法治理念贯穿于具体的案件审理和裁决之中，公开、公正、公平的司法程序，不仅为当事人提供了法律救济，也为社会公众提供了生动的法治教育。司法机关的裁决结果和解释理由，往往成为社会公众理解法律、认同法治的重要窗口。这种日常的、生动的法治实践，对于培养社会公众的法治意识，推动法治文化的形成和发展，具有不可替代的作用。在塑造价值观方面，司法机关行使司法权的过程，实质上也是对社会主流价值观进行确认和引导的过程。司法机关在裁决案件时，不仅依据法律条文，还要考量社会公德、公序良俗等因素。这种考量过程，实际上是对社会主流价值观的一种确认和强化。同时，司法机关的裁决结果往往会对社会公众的行为选择和价值判断产生导向作用。公正的裁决能够鼓励社会公众坚守正义、尊重法律，从而推动社会形成积极向上的价值观。

4. 推动法律发展与完善

司法权作为国家权力体系的重要组成部分，其行使不仅关乎个案的公正裁决，更在宏观层面上推动着法律体系的不断进化与完善。在司法实践中，司法机关经常面临复杂多变的案件，这些案件往往涉及法律条文的解释与适用。司法机关在行使司法权时，需对法律进行细致入微的解读，以确保裁决的公正性和合法性。这一过程本身就是对法律的一种深化理解和应用，有助于发现法律条文中的模糊之处和潜在漏洞，进而为法律的修订和完善提供实践基础。此外，司法机关在行使司法权时，还会遇到法律空白或法律滞后的情况。在这种情况下，司法机关往往需要依据法律原则和精神，创造性地作出裁决，以填补法律空白或适应社会发展的新需求。这种创造性的司法活动，不仅为个案提供了解决方案，也为法律体系的完善和发展提供了新思路和新方向。更重要的是，司法机关的裁决往往具有示范效应，一个公正、合理的裁决，不仅能够解决当事人之间的纠纷，还能为社会公众提供行为指导和价值引领。这种示范效应，能够推动社会公众对法律的认同和尊重，进而促进整个社会对法治的信仰和追求。这种信仰和追求，是法律体系不断完善和发展的强大动力。

（三）司法监督的主体

1. 人民法院

人民法院在法治体系中扮演着至关重要的角色，作为国家的审判机关，人民法院依法独立行使审判权，这一权力的行使不受行政机关、社会团体和个人的任何干涉，确保了司法的公正性和权威性。人民法院不仅是司法体系的核心组成部分，更是维护社会秩序和公平正义的重要力量。人民法院的职责广泛而深远，不仅负责审理各类案件，还涵盖了民事、刑事、行政等多个领域。无论是个人之间的纠纷，还是涉及国家利益的重大案件，人民法院都承担着公正裁决的重任。通过审判活动，人民法院能够深入剖析社会矛盾和纠纷的根源，依法作出公正的判决和裁定，从而有效地化解矛盾，维护社会的和谐稳定。

人民法院作出的判决和裁定具有终局性，意味着一旦判决或裁定生效，即成为解决纠纷的最终途径。这一特性不仅体现了司法的权威性和公信力，也为当事人提供了明确的法律预期和稳定的法律环境。当事人可以通过人民法院的审判活动，获得纠纷的最终解决方案，从而实现自身权益的有效保护。

在司法监督体系中，人民法院不仅发挥审判机关的作用，还承担着监督法律实施情况的重要职责。通过对法律适用的严格把关，确保法律的统一正确实施，防止和纠正法律实施中的偏差和错误。这种监督作用对于维护法治秩序、保障公民权益具有重要意义。

2. 人民检察院

人民检察院作为国家的法律监督机关，依法独立行使检察权，这一权力的独立性和权威性确保了其对法律实施情况进行有效监督的能力。人民检察院不仅是司法机关的重要组成部分，更肩负着维护法律正确适用和司法活动公正性的重要使命。人民检察院的职责广泛且深远，其核心在于对法律实施的全面监督，包括对犯罪行为提起公诉，确保刑事责任的追究；对刑事诉讼、民事诉讼、行政诉讼等活动进行监督，确保司法程序的合法性和公正性。通过这些职责的履行，人民检察院能够有效地促进法律的统一正确实施，防止和纠正司法活动中的偏差和错误。

在司法监督体系中，人民检察院的作用尤为突出，通过对法律适用的严格把关，确保司法机关在行使职权时遵循法律的规定和精神，维护法治的权威性和公信力。同时，人民检察院还通过对司法活动的监督，保障当事人的合法权益，防止司法权力的滥用和侵权行为的发生。人民检察院的监督作用不仅体现在对个案的监督上，更体现在对整个司法体系的监督上。通过对法律实施情况的全面了解和深入分析，能够及时发现司法体系中存在的问题和不足，并提出改进和完善的建议。这种宏观的监督作用对于推动法治体系的不断完善和发展具有重要意义。

（四）司法监督的对象

1. 案件与纠纷

在法治社会的框架内，司法权的核心作用集中体现在对案件和纠纷的解决上，不仅关乎个体权益的保障，更涉及社会秩序与公平正义的维护。无论是民事案件、刑事案件，还是行政案件，只要涉及法律争议和权利义务的确定，都是司法权行使的直接对象。这些案件和纠纷涵盖了社会生活的各个方面，从个人之间的财产争议、人身权益侵害，到国家与公民之间的行政争议，无不体现司法权在解决社会矛盾、定分止争中的关键作用。人民法院作为司法权的主要行使者，通过审判活动对案件进行审理和裁决。在这一过程中，人民法院不仅依据法律对案件事实进行认定，还对当事人的权利义务进行明确和界定。通过公正的裁决，人民法院能够解决当事人之间的纠纷，恢复社会秩序，实现公平正义。司法监督对案件与纠纷的关注，不仅体现在对个案的公正处理上，更体现在对整个社会法治环境的塑造和维护上。通过对案件和纠纷的依法处理，司法监督能够引导社会公众遵守法律，维护法治秩序，进而推动法治社会的建设和发展。

2. 法律行为与法律事实

司法监督的对象，深入探究其本质，必然包含法律行为与法律事实。在司法权行使的广阔舞台上，司法机关的核心职责之一便是对涉及案件的法律行为和法律事实进行严谨的审查和精确的认定。这一过程不仅是司法活动的基石，也是维护法治秩序、保障公民权益的关键环节。法律行为，诸如合同的订立、履行、变更等，是社会中个体与个体之间、个体与组织之间相互作用的重要法律表现。这些行为在法律框架内被赋予特定的意义和效果，司法机关在行使司法权时，必须对其合法性、有效性进行深入的审查，以确保法律秩序的稳定和公民权益的保护。而法律事实，如侵权行为、犯罪行为的发生等，则是触发司法程序、引发法律争议的现实基础。这些事实存在与否、性质如何，直接关系到案件的走向和裁决的结果。因此，司法机关在行使司法权时，必须对法律事实进行详尽的调查和认定，以确保裁决的公正性和准确性。

3. 法律适用与解释

司法机关在行使司法权的过程中，不仅是对案件事实和法律行为的简单判定，更承担着对法律进行适用和解释的重任。这是一项极具专业性和复杂性的工作，要求司法机关在针对具体案件时，必须依据法律规定和原则，对案件事实进行深入的法律评价，并据此作出公正、合理的裁决。在这一过程中，法律条文、法律原则以及司法解释等法律渊源，是司法机关行使司法权时不可或缺的重要参考。法律条文是法律的具体表述，为司法机关提供了明确的判定依据；法律原则是法律的灵魂，指导司法机关在法律条文未明确规定的情况下，依据法律的精神和目的作出裁决；司法解释则对法律条文和法律原则进行具体化和明确化，为司法机关提供更为具体的操作指南。因此，司法机关在行使司法权时，必须对这些法律渊源进行深入的研究和理解，以确保法律的正确适用和司法公正的实现。这一过程不仅要求司法机关具备深厚的法学理论功底，还要求其具备丰富的实践经验和敏锐的洞察力，以便在复杂的法律环境中，准确、及时地作出正确的法律适用和解释。

4. 司法活动与程序

司法权的行使并非孤立行为，而是镶嵌于一系列复杂且严谨的司法活动与程序之中，诸如立案、调查取证、开庭审理以及判决执行等，均构成司法权行使不可或缺的组成部分。这些活动和程序不仅承载着推动司法进程的重要使命，更是确保司法公正、维护当事人合法权益的关键环节。司法机关在行使司法权的过程中，必须高度地关注和重视这些司法活动与程序。司法机关需确保立案程序的规范性与公正性，防止任意立案或拒绝立案的不当行为。在调查取证环节，严格遵循法定程序，确保所收集证据的合法性与真实性；开庭审理阶段，保障当事人的诉讼权利，确保庭审的公开、公正与公平；在判决执行环节，确保判决得到有效执行，以维护司法的权威性与公信力。通过对这些司法活动与程序的严格监督与管理，司法机关能够有效保障当事人的合法权益，防止司法权力的滥用与侵权行为的发生，同时也有助于提升司法的整体质量与效率，推动法治社会的持续进步与发展。

二、司法监督的特点

（一）独立性

在法治社会的架构下，司法机关作为行使司法权的主体，在履行职责的过程中，必须坚守独立性原则。这一独立性不仅体现在司法机关的组织结构上，更贯穿于其行使司法权的每一个环节。司法机关在依法审理案件时，应当免受其他机关、团体或个人的任何形式的不当干涉和影响。这种独立性确保司法机关在裁决案件时，能够严格依据法律和事实，秉持公正无私的立场，作出客观、公正的裁决。它是司法公正得以实现的重要基石，也是法治社会能够得以维系和发展的基本要求。只有司法机关保持独立，才能确保法律的权威性和公信力，进而保障社会成员的合法权益，维护社会的公平与正义。因此，独立性不仅是司法监督的核心特征，更是法治社会不可或缺的基石，对于推动法治进步、保障人权、维护社会稳定具有深远意义。

（二）程序性

行使司法权并非是任意妄为的过程，而是必须严格遵循法定程序的有序行为。这一程序性涵盖从立案、调查取证、开庭审理到判决执行等各个环节，每一环节都设有明确的程序规范和操作要求。这样的程序设计不仅确保了司法活动的有序性和连贯性，更最大限度地保障了当事人的合法权益。它要求司法机关在行使权力的过程中，必须按照既定的程序步骤进行，不得随意跳过或颠倒，从而有效防止司法权力的滥用和误用。程序性作为司法监督的重要特征，不仅体现了法治社会对司法公正和效率的双重追求，也是确保司法裁决具有合法性和可接受性的关键所在。因此，程序性在司法监督中扮演着至关重要的角色，既是司法公正的重要保障，也是维护法治秩序、促进社会稳定的重要基石。通过严格的程序规定和执行，司法监督得以更加有效地发挥其应有的作用，为法治社会的建设和发展提供坚实支撑。

（三）公正性

行使司法权的过程，实质上是对公正价值的不懈追求与实践。司法机关在履行职责时，必须将公正原则置于首位，确保对案件的审查和处理基于客观、全面的考量。这一要求不仅体现在对案件事实的准确认定上，更贯穿于法律适用的每一个环节。司法机关需严格遵循法律规定，不偏不倚地作出裁决，确保裁决结果既合法又合理，从而真正实现司法公正。公正性作为司法活动的灵魂，是法治社会不可或缺的基石，要求司法机关在行使权力时，摒弃任何偏见和私利，以维护社会公共利益和当事人合法权益为出发点和落脚点。正是基于公正性的核心价值追求，司法机关才能赢得公众的信任与尊重，法治社会的秩序与稳定也才能得以维系。因此，公正性不仅是司法监督的内在要求，更是衡量司法活动成效的重要标准，对于推动法治进步、保障社会公平正义具有不可估量的价值。

（四）权威性

在行使司法权的过程中，司法机关所作出的裁决具有毋庸置疑的权威性。这种权威性不仅仅是一种象征或宣称，而是实实在在体现在裁决一旦作出，即立刻具有强制执行力的法律效力上。权威性确保了司法裁决不再是一纸空文，而是能够得到有效实施的法律命令，从而维护了法律的尊严和权威。权威性的存在，使得司法机关在解决纠纷、维护社会秩序方面扮演着至关重要的角色，保证了司法机关在处理案件时，能够作出具有终局性和不可争议性的裁决，进而确保法律秩序的稳定和社会的安宁。同时，权威性也是法治社会得以建立和维护的重要基石，使得公众对司法制度产生信任，并愿意通过司法途径来解决争议和维护权益。

第二节　司法监督的实施机制与成效展现

一、司法监督的实施机制

（一）独立性保障机制

1. 司法机关独立行使职权的法律依据

独立性保障机制的核心在于确保司法机关能够独立于其他机关、团体和个人，独立行使职权。这一机制的构建，依赖于坚实的法律依据。在我国，司法机关独立行使职权的法律依据主要源自《宪法》及其他相关法律的规定。《宪法》第 126 条及《人民法院组织法》（2018 年修订）的相关条款明确规定，人民法院依法独立行使审判权，不受行政机关、社会团体和个人的干涉。

同样,《宪法》第 131 条及《人民检察院组织法》(2018 年修订) 确立了人民检察院独立行使检察权的法律地位。这些法律规定不仅为司法机关独立行使职权提供了宪法层面的保障,还进一步明确了司法机关与其他国家机关之间的权力界限,防止外部因素对司法活动的非法干预。独立性保障机制的实施,要求司法机关在行使职权的过程中,必须严格遵循法定程序,依据事实和法律作出裁决,不受任何形式的外部压力或不当影响。同时,还需建立健全监督制约机制,确保司法机关在独立行使职权的同时,能够自觉接受监督,维护司法公正与权威。通过构建完善的独立性保障机制,司法监督能够在维护法治秩序、保障人权、促进公平正义方面发挥重要作用。

2. 防止外部干涉的措施与机制

在独立性保障机制中,防止外部干涉的措施与机制是确保司法公正与权威的关键所在。该机制的构建通过一系列制度设计和程序安排,旨在有效隔离司法机关与外部不当影响的接触,保障其独立行使职权。宪法和法律层面的明确规定为司法机关的独立地位提供了根本保障。通过细化相关法律法规,明确司法机关的组织结构、职责权限及运作程序,为司法活动划定了清晰的界限,防止其他机关或个人的非法干预。建立健全司法人员选任、考核与晋升制度,确保司法人员具备高度的专业素养和独立精神,能够抵御外部压力,依法公正裁判。同时,加强对司法人员的职业道德教育和纪律约束,提高其自律意识,维护司法廉洁。强化司法公开与透明度,通过公开审判、裁判文书上网等方式,让司法活动接受社会监督,减少暗箱操作的空间,提高司法公信力。同时,建立健全投诉举报机制,畅通公众监督渠道,及时发现并纠正外部干涉行为。

(二) 程序性监督机制

1. 立案、调查取证、开庭审理、判决执行等程序规范

程序性监督机制是确保司法活动公正、有序进行的关键环节,涵盖立案、调查取证、开庭审理、判决执行等多个程序规范。这一机制通过细化司法流程,明确各阶段的任务与标准,以程序正义保障实体正义的实现。在立案阶

段，司法机关需严格审查起诉材料，确保符合立案条件，避免不当立案或遗漏案件，为后续司法活动奠定坚实基础。调查取证环节则要求司法人员依法收集、固定和保存证据，确保证据的真实性、合法性和关联性，为案件审理提供有力支持。开庭审理是司法监督的核心环节，必须遵循严格的法定程序，包括法庭组成、庭审准备、法庭调查、法庭辩论、被告人最后陈述等步骤，确保各方当事人的诉讼权利得到充分保障，庭审过程公开透明，裁判结果公正合理。判决执行阶段则是司法监督的最终环节，要求执行机关严格按照生效法律文书的内容执行，确保当事人的合法权益得到及时有效实现。同时，对执行过程中可能出现的违法行为进行监督，防止执行权的滥用。

2. 程序正义在司法监督中的作用

在程序性监督机制中，程序正义占据着至关重要的地位，不仅是司法活动公正性的内在要求，也是保障司法监督有效实施的关键所在。程序正义强调司法过程的公开、公平与公正，要求司法机关在行使职权时，必须遵循既定的法律程序，确保当事人的诉讼权利得到充分保障。在立案、调查取证、开庭审理、判决执行等各个环节，程序正义通过细化操作规范、明确权力界限，防止了司法权力的滥用和误用，确保了司法活动的有序进行。程序正义为实体正义的实现提供了有力保障，通过严格的程序规范，防止了因程序瑕疵而导致的实体裁判错误，增强了司法裁决的公信力，使公众对司法结果产生认同和信任，促进了司法效率的提升，通过明确的时间节点和操作流程，避免了司法资源的浪费和拖延。程序正义是司法监督实施的程序性监督机制的核心价值追求，贯穿于司法活动的始终，为司法公正与效率提供了坚实的制度保障。在全面推进依法治国的背景下，进一步强化程序正义在司法监督中的作用，对于提升司法公信力、维护社会公平正义具有重要意义。

（三）公正性确保机制

1. 公正原则在司法裁决中的应用

公正原则是司法裁决中的应用的核心所在，体现了司法活动对公平、正义的不懈追求。公正原则要求司法机关在裁决案件时，必须秉持客观、中立的立场，严格遵循法律规定，确保裁决结果的公正性。在司法实践中，司法裁决必须基于充分的事实和证据，通过严格的证据审查程序，确保案件事实认定的准确性。这要求司法机关在调查取证环节做到全面、细致，避免遗漏关键证据或错误采信不实证据。司法机关在裁决案件时，必须严格遵循法律规定，确保法律适用的正确性和一致性，这要求司法人员具备深厚的法律素养和业务能力，能够准确理解法律条文的精神实质，合理行使自由裁量权。此外，司法机关应当确保当事人在诉讼过程中享有平等的诉讼权利，包括知情权、参与权、表达权等，使当事人能够充分表达自己的诉求和主张，维护自身的合法权益。

2. 司法人员职业道德与专业能力建设

在公正性确保机制中，司法人员职业道德与专业能力建设是不可或缺的关键环节。作为司法活动的直接执行者，司法人员的职业道德水平和专业能力直接影响到司法裁决的公正性和权威性。司法人员职业道德建设是确保司法公正的基础，职业道德要求司法人员在履行职责时，必须秉持公正、廉洁、忠诚等原则，自觉抵制各种诱惑和干扰，确保司法活动的纯洁性和公正性。这要求司法人员具备高度的自律意识和责任意识，始终保持清醒的头脑和坚定的立场，以维护司法公正为己任。专业能力建设是提升司法裁决质量的重要保障，司法活动涉及复杂的法律问题和案件事实，要求司法人员具备深厚的法律功底和丰富的实践经验。因此，加强司法人员的专业培训和学习，提升其法律素养和业务能力，是确保司法裁决准确、公正的关键。通过建立健全的培训机制、考核机制和激励机制，激发司法人员的学习热情和积极性，不断提升其专业素养和综合能力。

（四）权威性维护机制

1. 司法裁决的强制执行力保障

在权威性维护机制中，司法裁决的强制执行力保障是核心要素之一，直接关系到司法权威的确立与维护。作为法律适用的最终体现，司法裁决的强制执行力是司法权威性的直接体现，也是法律秩序得以维护的重要保障。司法裁决的强制执行力来源于法律的权威性和司法权的国家强制性。一旦司法裁决作出，即具有法律上的拘束力，当事人必须履行裁决所确定的义务。为保障司法裁决的有效执行，司法机关建立了一整套强制执行机制，包括查封、扣押、拍卖、变卖财产，限制出境、限制高消费等措施，以迫使被执行人履行义务。这一强制执行机制不仅体现了司法裁决的权威性，也彰显了国家强制力对司法活动的支持。通过强制执行，司法裁决得以从纸面上的法律条文转化为现实生活中的法律秩序，维护了法律的尊严和权威。同时，司法裁决的强制执行力保障还涉及对执行行为的监督与制约。为防止执行权的滥用，司法机关建立了严格的执行监督制度，对执行行为进行全程监控和及时纠正，确保执行活动依法进行，维护了司法公正和当事人的合法权益。

2. 法律尊严与权威的维护策略

法律尊严与权威的维护策略是确保司法体系稳定与公正运作的基石，旨在通过多维度、多层次的措施，强化法律的神圣性和不可侵犯性，从而树立并巩固司法在社会治理中的核心地位。维护法律尊严要求司法机关严格遵循法定程序，确保每一项司法活动都在法律的框架内进行。这包括立案、调查取证、开庭审理、判决执行等各个环节，均应遵循明确的法律规范和标准，以体现法律的严肃性和权威性。加强司法公开与透明度是提升法律权威的重要手段，通过公开审判、裁判文书上网等方式，让公众了解司法活动的全过程，增强对司法裁决的认同感和信任度。这种透明度不仅有助于防止司法腐败和权力滥用，还能提升司法裁决的社会接受度，进而巩固法律权威。强化对司法人员的职业道德与专业能力培养也是维护法律尊严的关键，司法人员作为法律的执行者和守护者，其职业素养和业务能力直接影响到法律的实施效果。因此，加强司法人员的教育培训，提升其法律素养和职业道德水平，是维护法律权威的重要途径。

二、司法监督的成效展现

（一）司法公正的实现

1. 公正裁决的示范效应

司法公正是司法监督的核心价值追求，要求司法活动在程序与实体上均达到公正标准。通过严格的司法监督，能够确保司法机关在立案、调查取证、开庭审理、判决执行等各个环节均遵循法定程序，保障当事人的合法权益，实现裁决结果的公正性。这种公正裁决不仅是对当事人权益的保障，更是对法律尊严与权威的维护，彰显了法治社会的基本原则。公正裁决的示范效应进一步扩大了司法监督的成效，一个个公正裁决的案例，如同法治建设的灯塔，照亮了社会公正的道路，为公众树立了法治信仰的标杆。这些案例通过媒体传播、社会讨论等方式，广泛影响着公众的法律意识与行为选择，促进了全社会对法治价值的认同与追求。同时，公正裁决的示范效应还能够激励司法人员不断提升职业素养与业务能力，推动司法体系的不断完善与进步。

2. 公众对司法公正的满意度调查

在司法公正的实现及公众对司法公正的满意度调查中，构成了衡量司法体系效能与公众信任度的重要指标。这种满意度调查不仅是对司法活动结果的评价，更是对司法监督过程公正性的反馈，具有深远的学术与社会意义。司法公正的实现是司法监督工作的核心目标，要求司法活动在程序正义与实体正义上达到高度统一，确保每一个案件都能得到公正、公平、公开的处理。公众对司法公正的满意度调查，则是对这一目标实现程度的直接检验。通过科学设计的问卷、严谨的数据收集与分析方法，可以客观地反映出公众对司法活动的感知与评价，为司法监督的改进与优化提供重要参考。满意度调查的结果不仅揭示了公众对司法公正的期待与实际感受之间的差距，还映射出司法监督工作中可能存在的问题与不足。例如，公众可能对司法程序的透明度、裁判结果的公正性、司法人员的职业素养等方面提出批评与建议。这些反馈信息对于司法监督机构来说，是宝贵的改进资源，有助于推动司法体系的不断完善与提升。因此，公众对司法公正的满意度调查，是司法监督成效展现的重要途径，不仅为司法体系提供了来自公众的外部监督与评价，还促进了司法监督与公众期待的良性互动，推动了司法公正的不断实现与深化。

（二）法律实施的强化

1. 司法监督对法律统一正确实施的促进作用

司法监督作为法律实施的关键环节，通过对司法活动的全面审视与评估，确保法律的适用过程严格遵循法定程序，裁判结果公正合理。在此过程中，司法监督不仅关注个案的公正处理，更着眼于法律体系的整体协调与统一，确保法律的普遍性与权威性得到充分体现。具体而言，司法监督通过以下几种方式促进了法律的统一正确实施：一是强化了对司法活动的监督力度，确保司法机关在行使职权时严格遵守法律规定，避免权力滥用和裁判不公现象的发生；二是推动了法律解释的统一，通过司法裁判对法律条文的解释与适用，为类似案件的处理提供了明确指引，维护法律适用的稳定性和可预测性；三是促进了法律漏洞的及时填补，司法监督过程中发现的法律缺陷与不足，能够及时反馈给立法机关，为法律的完善提供实践依据；四是增强了公众对法律的信仰与尊重，通过公正、公开的司法活动，提升了法律在公众心中的权威性与公信力，为法律的普遍遵守创造良好条件。

2. 违法行为的惩处与纠正

司法监督通过对司法活动的全面审视，确保法律的严肃性和权威性得到切实维护。在发现违法行为时，司法监督不仅要求立即停止违法行为，更要求对违法者进行依法惩处，以儆效尤。这种惩处不仅限于对违法行为的直接制裁，还包括对相关责任人的追责问责，以形成有效的法律震慑力，防止类似违法行为的再次发生。同时，司法监督还注重违法行为的纠正，在惩处违法行为的基础上，要求相关机关和个人对违法行为进行全面反思，查找问题根源，制定并落实整改措施，以确保类似问题不再重演。这种纠正机制不仅有助于恢复受损的法律秩序，更能推动相关机关和个人提升法治意识，增强依法办事的自觉性和主动性。司法监督对违法行为的惩处与纠正体现了法治原则的内在要求，法治原则强调法律的普遍适用性和权威性，要求任何组织和个人都必须遵守法律，不得有超越法律的特权。司法监督作为法律实施的重要保障机制，通过对违法行为的惩处与纠正，确保了法治原则得到有效贯彻和落实。此外，司法监督的成效还体现在其对公众法律信仰的塑造上，通过公开、公正、公平的司法活动，司法监督展示了法律的力量和威严，增强了公众对法律的信任和尊重。这种信任和尊重是法治社会建设的重要基石，有助于形成尊法学法守法用法的良好社会氛围。

（三）社会秩序的维护

1. 司法监督在解决社会纠纷、维护社会稳定中的作用

在社会生活中，纠纷与冲突不可避免。司法监督通过其独特的职能与机制，为这些问题提供了公正、权威且最终的解决方案，确保各类社会纠纷在法律框架内妥善处理，避免矛盾激化与社会秩序的动荡。通过严格的程序规范与实体审查，司法监督保证了裁决的公正与合理，使双方信服并接受裁决结果，从而有效化解社会矛盾，维护社会稳定。进一步而言，在解决社会纠纷的过程中，司法监督还起到了教育引导的作用。通过对违法行为的惩处与纠正，它向公众传递了明确的法律信号与道德导向，提升了全社会的法治意识与规则意识，有助于从源头上减少潜在的社会纠纷与冲突，维护社会秩序的稳定。此外，司法监督通过确保法律面前人人平等、保障弱势群体合法权益等措施，维护了社会的基本公正与道德底线，增强了公众对司法的信任与认同，为社会秩序的长期稳定奠定了坚实基础。

2. 司法裁决对公众行为的引导与规范

司法裁决作为司法活动的终局性结果，不仅是对具体案件纠纷的解决，更是对公众行为模式的塑造与引导。通过明确法律界限、界定权利义务，司法裁决为公众提供了行为选择的标准。当裁决公正合理且被广泛接受时，便成为一种社会共识，对公众行为产生深远影响。司法裁决的权威性对公众行为形成直接约束力，当公众意识到自己的行为可能触犯法律并受到司法裁决的制裁时，他们往往会自觉调整行为模式以符合法律的要求。这种约束力有效遏制了违法乱纪行为的发生，维护了社会秩序的稳定。司法裁决通过其公开性，对公众行为产生了广泛的示范效应。随着信息传播技术的发展，司法裁决结果能够迅速传播至社会各个角落。公众在了解这些裁决时，不仅加深了对法律知识的理解，也形成了对法律价值的认同。这种认同促使公众在日常生活中更加尊重法律、遵守法律，进一步规范自身行为。此外，司法裁决的教育性对公众行为进行了积极引导。在司法裁决过程中，法院不仅会对案件事实进行认定、对法律适用进行阐述，还会对公众进行法律教育。这有助

于提升公众的法律素养，引导其树立正确的价值观和行为观，更加积极地参与社会建设，维护社会秩序。

（四）司法公信力的提升

1. 司法监督对司法公信力的积极影响

司法公信力作为司法体系权威性与公众信任度的综合体现，是法治社会建设的重要基石。司法监督通过其内在机制与外在表现，有效提升了司法公信力。司法监督确保了司法活动的公正与合法，通过对司法程序与裁判结果的全面审视与评估，遏制了司法腐败与枉法裁判现象，保障了当事人的合法权益，维护了法律的尊严与权威。这种公正性与合法性的保障是司法公信力提升的前提与基础。司法监督通过公开审判、裁判文书上网等方式，增强了司法透明度，接受社会各界的监督与评判，增强了公众对司法体系的信任与认同。司法监督推动了司法责任的落实，确保司法人员在行使职权时能够严格遵守法律规定与职业道德规范，对违法失职行为依法追究责任，提升了司法人员的职业素养与责任意识，增强了公众对司法体系的信心与依赖。司法监督还促进了司法改革的深化与发展，通过对司法体系中存在问题的发现与反馈，司法监督为司法改革提供了重要参考与依据。司法改革的不断推进与完善，进一步提升了司法体系的公正性、效率性与公信力，形成了良性循环。

2. 司法透明度的提高与公众参与度的增强

司法透明度的提高是提升司法公信力的重要途径. 司法活动作为维护社会公平正义的最后一道防线，其透明度直接关系到公众对司法公正的信任程度。通过加强司法公开措施，如庭审直播、裁判文书上网等，司法监督促使司法机关主动接受社会监督，确保司法权力在阳光下运行。这种透明度的提升，不仅增强了公众对司法活动的了解与信任，还有效遏制了司法腐败与不公现象的发生，为司法公信力的提升奠定了坚实基础。

与此同时，公众参与度的增强是司法监督促进司法公信力提升的又一关键因素。公众参与司法活动不仅是对司法权力的有效制约，更是司法民主化的重要体现。通过设立人民陪审员制度、公开听证、民意调查等方式，司法监督鼓励公众参与司法决策过程，表达意见与建议。这种参与机制的建立，使得司法活动更加贴近民意、反映民情，增强了公众对司法裁决的认同感与接受度。此外，公众参与还促进了司法信息的广泛传播与交流，进一步提升了司法活动的透明度与公信力。

第三节　司法监督的实践与持续优化方向

一、司法监督的实践探索

（一）案件受理与立案

1. 案件受理环节的司法监督实践

案件受理作为司法程序的起始环节，对于确保司法公正、维护当事人合法权益具有重要意义。在案件受理过程中，司法监督要求严格遵循法定程序和标准。根据相关法律法规，案件受理必须满足特定条件和程序要求，如起诉状的格式与内容、证据材料的提交等。司法监督促使司法机关在受理案件时，严格审查这些条件和程序要求，确保案件受理的合法性与规范性。在这一过程中，监督主体（如检察机关、上级法院或人大等）通过定期检查、抽查或受理当事人申诉等方式，对案件受理环节进行全程监督，防止违法受理或不当拒绝受理的情况发生。

在案件受理阶段，司法机关应主动公开受理条件、程序、结果等信息，接受社会监督。这不仅有助于提升司法公信力，还能有效遏制司法腐败和权力滥用。通过信息公开，公众可以了解案件受理的进展情况，对司法机关的受理行为进行监督，促使司法机关更加公正、高效地处理案件。在司法资源有限的情况下，确保案件受理的高效性成为司法监督的重要内容之一。司法监督要求司法机关优化受理流程、提高受理效率，确保符合条件的案件能够及时得到受理，避免当事人因案件久拖不决而遭受不必要的损失。

2. 立案环节的司法监督深化

立案作为案件进入司法程序的关键步骤，其公正性、合法性和及时性直接关系到当事人的诉讼权利和司法公正的实现。在立案环节，一方面，司法监督强调立案标准的统一与明确，立案标准是司法机关判断案件是否进入司法程序的重要依据。司法监督要求司法机关在制定和执行立案标准时，必须遵循法律法规的规定，确保立案标准的统一性和明确性。这有助于减少因立案标准不明确或执行不一致而导致的立案难、立案乱等问题，保障当事人的诉讼权利。

另一方面，司法监督关注立案程序的规范与透明，立案程序是司法机关对案件进行审查并决定是否立案的过程。司法监督要求司法机关在立案过程中，必须遵循法定程序，确保立案程序的规范性和透明性。这包括立案审查的期限、审查内容、审查方式等方面的规定。同时，司法机关还应主动公开立案信息，接受社会监督，确保立案程序的公正性和公信力。此外，司法监督还强调对立案环节的监督与制约机制建设，以防止司法机关在立案环节滥用权力或怠于履行职责。司法监督要求建立健全立案环节的监督与制约机制，包括加强内部监督、引入外部监督、完善责任追究制度等措施。通过这些措施的实施，可以形成对立案环节的有效监督和制约，确保司法机关依法行使立案权，维护司法公正和当事人合法权益。

（二）证据收集与审查

1. 证据收集环节的司法监督实践

在司法程序中，证据是认定事实、适用法律的基础，因此证据收集环节的合法性与规范性至关重要。司法监督要求证据收集必须严格遵守法律法规的规定，禁止非法取证行为，包括禁止刑讯逼供、诱供、骗供等非法手段获取口供，以及禁止非法搜查、扣押物证等行为。司法监督通过定期审查、随机抽查等方式，对证据收集过程进行全程监督，确保所有证据均通过合法途径获得。同时，对于发现的非法取证行为，司法监督机构将依法予以纠正，并追究相关人员的法律责任。司法监督强调证据收集的全面性与客观性，要求司法机关在收集证据时，不仅要关注对被告人不利的证据，也要重视对其有利的证据；不仅要收集直接证据，也要注重间接证据的收集与运用。通过监督，促使司法机关在证据收集过程中保持中立立场，避免主观臆断和偏见，确保收集到的证据能够全面、客观地反映案件事实。此外，司法监督还鼓励司法机关运用现代科技手段，提高证据收集的效率与准确性。

2. 证据审查环节的司法监督深化

证据审查是司法程序中判断证据真伪、确定证据效力的重要环节。司法监督要求证据审查必须独立于案件办理的其他环节，确保审查人员能够客观、公正地判断证据的真伪与效力。为此，司法监督机构应建立健全证据审查机制，明确审查人员的职责与权限，保障其独立行使审查权。同时，对于可能影响证据审查独立性的因素，如利益冲突、人情关系等，司法监督机构应采取有效措施予以排除。司法监督在深化证据审查环节时，应注重提升审查人员的专业素养。一方面，可以通过组织培训、交流研讨等方式，提高审查人员的业务能力和水平；另一方面，可以引入专家辅助审查制度，邀请具有相关专业知识的专家参与证据审查工作，提供专业意见和建议。此外，司法监督还应关注证据审查标准的统一性问题，推动制定和完善统一的证据审查标准，减少因标准不一致而导致的审查结果差异。司法监督要求证据审查过程应公开透明，接受社会监督，通过公开审查过程、公布审查结果等方式，增强证据审查的透明度和公信力。同时，对于公众关注的重大、疑难案件的证据审查过程，司法监督机构可以邀请人大代表、政协委员、媒体记者等社会各界人士旁听监督，进一步扩大社会监督的范围和影响力。

（三）庭审程序与执行程序

1. 庭审程序的司法监督实践

庭审程序是司法活动中最为核心和关键的环节，直接关系到案件事实的查清、法律的正确适用以及司法公正的实现。司法监督要求庭审程序必须严格遵循法定程序，确保庭审活动的公正性与规范性，包括庭审前的准备工作、庭审中的举证质证、法庭辩论、合议庭评议等环节，都应当按照法律规定进行。司法监督机构通过旁听庭审、查阅庭审记录、接受申诉控告等方式，对庭审程序进行全程监督，防止庭审过程中出现程序违法或不当行为。同时，对于发现的程序瑕疵或错误，司法监督机构应及时提出纠正意见，确保庭审程序的合法性和公正性。庭审活动的透明度是司法公正的重要体现，司法监督强调庭审过程应当向公众开放，允许媒体采访报道，使庭审活动接受社会监督。这不仅有助于提升公众对司法公正的信任度，还能有效遏制司法腐败和权力滥用行为的发生。同时，司法监督机构还应积极推动庭审直播、庭审录像等技术的应用，进一步提高庭审活动的透明度。此外，对于涉及公共利益或社会关注的重大案件，司法监督机构可以组织专家论证会、公众听证会等形式，广泛听取社会各界意见，增强庭审活动的公信力。

2. 执行程序的司法监督深化

执行程序是司法活动的最终环节，直接关系到生效法律文书能否得到有效执行，以及当事人的合法权益能否得到切实保障。执行行为是执行程序的核心内容，其合法性与规范性直接关系到执行效果的好坏，司法监督要求执行机构在执行过程中必须严格遵守法律法规和执行程序规定，确保执行行为的合法性和正当性。司法监督机构通过定期检查、随机抽查、受理申诉控告等方式，对执行行为进行全面监督，防止执行过程中出现违法执行、怠于执行等行为。

执行效率与质量是衡量执行工作的重要标准，司法监督在执行程序中的深化，还应关注执行效率与质量的提升问题。这要求执行机构在执行过程中既要注重效率又要保证质量，既要快速结案又要确保执行到位。司法监督机构可以通过建立执行案件跟踪督办机制、执行信息公开机制等方式，加强对执行工作的督促和指导，推动执行效率与质量的不断提升。同时引入第三方评估机构对执行工作进行评估和监督，有助于进一步提高执行工作的公正性和透明度。

二、司法监督的持续优化方向

（一）加强司法权的独立性与权威性

1. 强化司法权的独立性

司法权的独立性要求司法机关在行使职权时不受外部不当干预。然而，这种独立性是相对且有限度的。在持续优化过程中，司法监督应进一步明确司法权独立行使的界限，既要保障司法机关依法独立公正地审理案件，又要防止司法权被滥用或误用。为此，需要完善相关法律法规，明确界定行政机关、立法机关、社会团体及个人对司法活动的正当干预范围与方式，确保司法权在法定框架内独立运行。司法人员的职业保障是司法权独立行使的重要基础，司法监督的持续优化应关注司法人员职业保障制度的完善，包括提高司法人员的经济待遇、社会地位和职业尊荣感，健全司法人员履职保护机制，确保其在依法履行职责时不受打击报复或不当追责。此外，加强对司法人员的专业培训和教育，提高其职业素养和业务能力，为司法权的独立行使提供坚实的人才支持。

2. 提升司法权的权威性

司法裁判的终局性是司法权威性的重要标志。因此，在持续优化过程中，司法监督应致力于加强司法裁判的终局性，确保司法裁判一旦作出即具有法律效力，非经法定程序不得随意更改或撤销。这要求司法机关在裁判过程中严格遵循法定程序，确保裁判结果的公正性和合理性；同时需要完善司法救济机制，为当事人提供充分的救济途径，以维护司法裁判的权威性和公信力。

司法的公开与透明是提升司法权威性的有效途径，司法监督应积极推动司法活动的公开化、透明化进程，通过庭审直播、裁判文书上网等方式，让公众了解司法活动的全过程和裁判结果的形成依据，增强公众对司法裁判的信任和支持。同时健全司法与社会沟通的桥梁和平台，及时回应社会关切和质疑，提高司法决策的民主性和科学性，进一步提升司法权的权威性。

（二）提升司法权行使的规范性与专业性

1. 提升司法权行使的规范性

司法程序是司法权行使的基础框架，其规范性直接影响司法公正的实现。在持续优化过程中，司法监督应致力于完善司法程序规范，确保司法活动在法定程序内进行，减少任意性和随意性。这包括细化立案、侦查、起诉、审判、执行等各环节的程序规定，明确司法人员的职权与职责，规范证据收集、审查、运用等环节的操作流程，并健全程序监督机制，对违反程序规定的行为进行及时纠正和问责。

司法责任制是保障司法权规范行使的重要制度，司法监督应推动健全司法责任制，明确司法人员在行使职权过程中的责任与后果，确保其严格依法办案，对办案质量负责，包括完善错案追究机制，对因故意或重大过失导致错案发生的司法人员进行严肃问责；同时，也要不断完善免责机制，保护司法人员在依法履职过程中免受不当追究。通过强化司法责任制，可以有效提升司法权行使的规范性，减少司法腐败和权力滥用现象的发生。

2. 提升司法权行使的专业性

司法监督应关注司法人员专业培训体系的完善，通过定期举办法律讲座、研讨会、案例分析会等形式，提升司法人员的法律理论水平和实务操作能力。同时，鼓励司法人员参加国内外学术交流活动，拓宽视野，借鉴先进经验，不断提高自身专业素养和业务能力。此外，还应健全司法人员职业发展规划和激励机制，激发司法人员的工作积极性和创造力。现代科技的发展为司法权的行使提供了更加便捷高效的手段，司法监督应积极推动司法技术应用与创新，引入大数据、人工智能等现代信息技术手段，辅助司法人员进行案件审理和裁判决策。例如，可以利用大数据分析技术提高证据收集与审查的效率和质量；利用人工智能辅助裁判系统提高裁判的准确性和一致性等。通过推动司法技术应用与创新，可以进一步提升司法权行使的专业性，提高司法效率和质量，满足人民群众对司法公正的新期待。

（三）增强司法权行使的透明度与公信力

1. 增强司法权行使的透明度，保障公众知情权与监督权

司法公开是增强司法透明度的基础。司法监督应推动司法机关在更大范围、更深层次上实现司法公开，涵盖立案、审判、执行等各环节。具体而言，可以通过完善裁判文书公开平台、庭审直播系统、执行信息公开网等措施，确保公众能够便捷地获取司法信息，了解案件进展和裁判结果。同时，对于涉及公共利益和社会关注度高的案件，应主动公开相关司法信息，回应社会

关切，增强司法透明度。为了进一步增强司法透明度，还需构建多元化的司法参与机制，让公众更直接地参与司法过程。司法监督应鼓励和支持人民陪审员制度、公益诉讼制度等的实施，为公众提供参与司法审判、监督司法行为的有效途径。此外，还可以探索建立司法意见征集、公众旁听等制度，拓宽公众司法参与的渠道，增强司法活动的开放性和透明度。

2. 提升司法权行使的公信力，树立司法权威

司法公正是司法公信力的核心。司法监督应致力于推动司法机关树立并践行司法公正理念，确保每一个案件都能得到公正、公平的审理，要求司法机关在行使司法权时严格遵守法定程序，确保案件事实清楚、证据确实充分、适用法律正确、裁判结果公正合理。同时，还应加强对司法人员的职业道德教育和业务技能培训，提高司法人员的专业素养和公正意识，为司法公信力的提升奠定坚实基础。有效的司法监督是提升司法公信力的重要保障，应健全内部监督与外部监督相结合的监督机制，对司法权行使过程进行全面、严格的监督。内部监督方面，可以设立专门的监督机构或人员，对司法活动进行定期或不定期的检查评估；外部监督方面，则应畅通公众举报投诉渠道，鼓励媒体和社会各界对司法活动进行监督。对于发现的违法违纪行为，应依法依规进行严肃处理，并追究相关人员的责任，以儆效尤。

（四）创新司法权行使的方式与手段

1. 创新司法权行使方式，增强司法透明度与公信力

庭审直播与公开宣判是提升司法透明度、增强公众信任度的有效措施。因此，司法监督应当积极推动各级法院广泛采用庭审直播技术，将庭审过程实时向公众开放，使公众能够直观了解案件审理情况，监督司法权的行使。同时，强化公开宣判制度，确保所有案件的判决结果及时公开，接受社会监督。这不仅有助于提升司法公信力，还能促进司法公正，减少司法腐败的可能性。面对日益复杂的社会矛盾，单一的诉讼解决方式已难以满足公众的需求。因此司法监督应鼓励和支持多元化纠纷解决机制，如调解、仲裁、和解等，为当事人提供更多选择。通过引入社会力量参与纠纷解决，不仅可以减

轻法院负担，提高司法效率，还有利于修复社会关系，促进社会和谐。这种创新方式要求司法权在行使过程中更加注重灵活性和实效性，以适应不同案件的具体需求。

2. 创新司法权行使手段，提升司法效率与质量

随着信息技术的飞速发展，将现代信息技术应用于司法领域已成为提升司法效率与质量的重要途径。司法监督应当推动司法机关积极采用大数据、人工智能等现代信息技术手段，优化案件管理、证据收集、裁判文书制作等司法流程。例如，利用大数据分析技术辅助案件分配和裁判预测，提高案件处理的针对性和准确性；利用人工智能辅助裁判系统快速生成裁判文书草稿，减轻法官的工作负担。这些创新手段有助于实现司法资源的优化配置，提高司法效率和质量。司法监督本身也需要不断创新手段以适应司法权行使方式的变化，利用现代信息技术建立智能化司法监督平台，对司法活动进行实时、全面的监督。通过数据分析、风险预警等功能，及时发现并纠正司法权行使过程中的不当行为。同时，完善跨部门信息共享机制，实现司法机关与行政机关、立法机关等之间的信息互联互通，为司法监督提供更加全面、准确的数据支持。这种科技支撑下的司法监督模式有助于提高监督的精准性和有效性，保障司法权的正确行使。

第三章　立法监督

第一节　立法监督的内涵和职责

一、立法监督的内涵

（一）对权力的制衡与约束

立法监督体现了对权力的制衡与约束，这是其最为核心的内涵。在一个法治社会中，权力不能是无限制的，必须受到有效的制约和监督。立法监督正是这样一种机制，它通过对立法活动的全面监督，确保立法权的行使符合宪法和法律的规定，从而防止立法权的滥用和越权行为。这种制衡不仅体现在对立法机关的约束上，还体现在对其他国家机关，如行政机关和司法机关的约束上。通过立法监督，可以确保这些机关在法律规定的范围内行使职权，避免权力的过度集中或滥用。这种制衡机制的存在，为法治社会的稳定运行提供了坚实的保障。立法监督的这一内涵，与法治的基本原则紧密相连。法治要求权力的行使必须受到法律的严格约束，而立法监督正是实现这一目标的重要手段。通过对立法活动的监督，可以确保法律的制定和修改都符合法治的原则和精神，从而维护法治的权威性和有效性。

(二) 对立法活动的规范

立法监督的内涵还体现在对立法活动的规范上。立法活动是国家制定和修改法律的重要环节，直接关系到法律的公正性、合理性和有效性。立法监督通过对立法活动的全面审视和监督，确保立法过程符合法定程序和规定，避免程序违法或立法内容不合理的情况发生。这种规范作用不仅有助于提升立法质量，还可以增强公众对法律的信任度和认同感。在法律监督的有效途径与方法中，公开透明是一种重要的手段。立法监督强调公开透明，要求立法活动及其监督过程必须向公众公开，接受社会监督。这不仅可以增加立法活动的透明度，减少暗箱操作的可能性，还可以提高公众对立法活动的信任度和参与度。公开透明的立法过程有助于消除公众对立法活动的疑虑和误解，增强公众对法律的认同感和支持度。

(三) 对公众参与的推动

立法监督的内涵还包括对公众参与的推动。公众参与是立法活动的重要组成部分，也是立法监督的重要力量。通过立法监督，可以鼓励和引导公众参与立法活动，反映民意和诉求，确保立法符合社会的期望和需求。公众参与不仅可以增加立法的民主性和科学性，还可以提高立法的可接受性和可执行性。在推动公众参与方面，立法监督可以采取多种方式，如公开征求意见、召开听证会、设立立法咨询机构等。这些方式可以有效地收集公众的意见和建议，为立法活动提供有益的参考和借鉴。同时，公众参与也可以增强公众对法律的认同感和归属感，提高公众的法律意识和法治观念。

二、立法监督的职责：确保法律的良善与统一

(一) 审查立法内容的合法性与合理性

立法监督的首要职责是对立法内容进行严格的审查，确保其合法性和合理性。合法性审查主要是检查立法是否符合宪法和其他上位法的规定，是否

超越了立法机关的权限范围，以及是否侵犯了公民的基本权利。通过这一审查，可以及时发现并纠正那些与宪法和上位法相抵触的立法，从而维护法律体系的统一性和权威性。合理性审查则是对立法内容的科学性、公正性和可行性进行评估。立法监督机构需要关注立法是否反映了社会的现实需求和公共利益，是否有利于社会的和谐稳定和持续发展。例如，在涉及民生领域的立法中，立法监督应确保相关法律规定能够切实保障弱势群体的利益，促进社会公平正义。为了确保审查的有效性和公正性，立法监督机构可以邀请专家学者、社会各界代表等参与审查过程，充分利用他们的专业知识和实践经验，提高审查的质量和效率。

（二）维护法律体系的统一性

法律体系的统一性是法治国家的基本要求之一。立法监督在维护法律体系统一性方面发挥着重要作用。它需要对不同层级的法律法规进行梳理和比对，发现并解决法律法规之间的冲突和矛盾。在实践中，由于立法主体的多样性和立法过程的复杂性，不同法律法规之间可能存在重叠、矛盾甚至冲突。这些问题如果不及时解决，将会给法律的执行和实施带来极大的困扰，甚至可能导致法律体系的混乱。因此，立法监督机构需要定期对法律法规进行清理和整合，确保它们之间的协调性和一致性。此外，立法监督还需要关注法律法规的时效性。随着社会经济的发展和科技的进步，一些法律法规可能已经过时或不再适应社会的需求。立法监督机构应及时发现并推动这些法律法规的修订或废止，以确保法律体系的时效性和适用性。

（三）推动立法质量的持续提高

立法监督的另一重要职责是推动立法质量的持续提高。立法质量直接关系到法律的执行效果和社会公众的认同度。因此，立法监督机构需要通过对立法活动的全面监督，推动立法机关不断提高立法质量。立法监督机构可以定期对立法机关进行评估和指导，提出改进意见和建议。同时，它还可以推动立法机关加强与社会各界的沟通和协作，广泛听取公众的意见和建议，确保立法更加贴近实际、符合民意。此外，立法监督机构还可以通过开展立法培训、交流等活动，提高立法工作者的专业素养和综合能力，为立法质量的持续提高提供有力的人才保障。

三、立法监督的实践：与司法监督、行政监督的协调与配合

（一）立法监督与司法监督的协调与配合

1. 立法过程中的司法经验借鉴

立法机关在制定或修订法律时，并不是凭空捏造，而是需要深入实际，广泛汲取各方意见。其中，司法机关的实践经验与法律解释对立法工作具有极为重要的参考价值。司法机关在日常案件审理中积累了大量的法律实例与解释，这些实践经验不仅反映了法律条文的具体应用情况，还揭示了法律在实际操作中的优缺点。立法机关通过借鉴这些宝贵的司法经验，能够更为科学地、合理地构建法律框架，细化法律条文，从而提高法律的适用性与可操作性。这种立法与司法的良性互动，确保了法律体系能够紧密贴合社会现实，有效回应社会关切。

2. 司法反馈推动立法完善

司法机关在审理案件的过程中，时常会遇到法律的空白地带或模糊区域。面对这些挑战，司法机关不仅需要凭借法律原则与法官的智慧作出公正裁决，更需要将这些法律漏洞与不足及时反馈给立法机关。这种反馈机制的形成，使立法机关能够及时掌握法律在实际运行中的问题，进而对相关法律进行修订与完善。这种立法与司法的紧密配合，确保了法律体系的完整性与时效性，为社会的公平正义提供了坚实的法制保障。

3. 重大疑难案件的立法司法联动

在处理重大或疑难案件时，立法机关与司法机关的沟通与协作显得尤为重要。这类案件往往涉及复杂的法律问题，需要双方共同研讨、深入交流。立法机关可以就案件中涉及的法律疑难问题向司法机关提供咨询与建议，而司法机关则可以就案件审理过程中遇到的实际法律问题向立法机关寻求指导

与帮助。这种双向的沟通与协作，不仅有助于案件的公正审理，更能推动相关法律条文的精确解释与合理应用。通过立法与司法的有效联动，我们能够确保法律的正确实施，维护社会的公平正义。

（二）立法监督与行政监督的协调与配合

1. 立法对行政实践的充分考虑

立法机关在制定或修订法律时，并非闭门造车，而是需要广泛听取各方意见，特别是行政机关的执法实践和需求。行政机关作为法律的主要执行者，身处执法第一线，对于法律的可行性和操作性有着独到的见解和深刻的体会。立法机关通过积极听取行政机关的意见和建议，能够更加全面、深入地了解法律在实际操作中的运行状况，进而制定出更加符合实际、便于执行的法律规范。这种立法与行政的良性互动，不仅提高了法律的适用性和可操作性，也极大增强了行政机关对法律的认同感和执行力度。在这个过程中，立法机关与行政机关之间的沟通与协作显得尤为重要。立法机关需要主动向行政机关征询意见，而行政机关也应当积极响应，提供宝贵的实践经验和建议。双方通过坦诚交流、深入探讨，共同为法律的制定和修订出谋划策，从而确保法律能够更好地服务于社会、保障人民的合法权益。

2. 行政反馈推动立法完善

行政机关在执行法律的过程中，往往会遇到各种问题和困难。这些问题和困难，既是行政机关执法的挑战，也是立法机关完善法律的宝贵线索。行政机关通过及时向立法机关反馈这些问题和困难，不仅能够帮助立法机关了解法律的实施情况，还能够为法律的修订和完善提供重要的参考依据。立法机关在接到行政机关的反馈后，应当认真分析、深入研究，及时调整和优化法律体系，以适应社会发展的需要。这种行政反馈推动立法完善的机制，是立法监督与行政监督协调与配合的重要体现。它确保了法律体系能够紧跟时代发展的步伐，不断满足社会发展的需要。同时，这种机制有效避免了法律与社会现实脱节的现象，保障了法律的时效性和适用性。

3. 立法与行政的紧密沟通与协作

在处理复杂或敏感的行政问题时，立法机关与行政机关之间的紧密沟通与协作至关重要。立法机关以其专业的法律知识和丰富的立法经验，为行政机关提供法律指导和支持。而行政机关则凭借丰富的实际执法经验和数据，为立法机关提供宝贵的实践依据。通过紧密的沟通与协作，双方共同应对挑战，确保行政行为的合法性和有效性。这种跨部门的合作是立法监督与行政监督协调与配合的又一重要体现。它强化了立法机关与行政机关之间的联系与互动，推动了双方在法律制定、执行和监督过程中的紧密合作，更维护了法治秩序，保障了行政行为的合法性与合理性，进而促进社会的稳定和谐发展。

（三）立法监督在跨部门协调与配合中的角色

1. 确保跨部门法律的统一性和协调性

立法监督的首要任务是保证法律的统一性和协调性。在跨部门协调与配合中，各相关部门可能涉及众多法律条款，且可能存在交叉或重叠。立法监督机构通过审查和监督立法过程，确保各项法律法规之间不产生冲突，从而维护法律体系的内在逻辑和一致性。这种统一性和协调性为跨部门协作提供了坚实的法律基础，使得各部门在执行任务时能够有法可依，有章可循。此外，立法监督还关注法律条款的明确性和可操作性。模糊的法律条文可能导致执行过程中的歧义和纷争，进而影响跨部门协作的效率。因此，立法监督机构会积极推动法律的修订和完善，力求使法律条文更加明确、具体，为跨部门协作提供清晰的法律指引。

2. 促进跨部门信息共享与沟通

在跨部门协作中，信息共享和沟通至关重要。然而，由于部门间存在信息壁垒和沟通障碍，往往导致协作效率低下。立法监督在这一方面发挥着积极的推动作用。通过制定相关法律和规范，立法监督要求各部门按照规定的方式和标准进行信息共享，打破部门间的信息孤岛，实现信息的有效流通和利用。同时，立法监督还通过建立沟通机制和合作平台，促进各部门之间的交流与协作。例如，可以定期组织召开跨部门协调会议，邀请相关部门共同参与，就协作中的问题和挑战进行深入探讨和交流。这种沟通机制有助于增进部门间的相互理解和信任，推动跨部门协作的顺利进行。

3. 强化跨部门协作的责任与激励

立法监督在跨部门协作中还扮演着责任强化和激励引导的角色。一方面，通过立法明确各部门在协作中的责任和义务，立法监督机构对未能履行职责或违反协作规定的部门进行问责和纠正。这种责任追究机制有效地约束了各部门的行为，确保其能够认真履行协作职责。另一方面，立法监督还通过激励机制引导各部门积极参与跨部门协作。例如，可以设立跨部门协作的绩效考核指标，对表现突出的部门和个人给予表彰和奖励。这种激励机制有助于激发各部门参与协作的积极性，形成争相为跨部门协作做贡献的良好氛围。

第二节　立法监督的程序和机制

一、立法监督的启动程序

（一）立法监督启动的主体多元性

1. 国家机关的权威监督

国家机关在立法监督中扮演着举足轻重的角色，其监督具有权威性和专业性。这包括立法机关、行政机关、司法机关以及可能存在的专门法律监督机构。立法机关作为法律的制定者，对法律的制定背景、立法意图有着深入的了解，因此在发现法律实施中的问题或法律法规之间的冲突时，能够迅速而准确地提出监督意见。行政机关在执行法律的过程中，往往能第一时间发现法律实施的难点和问题，其提出的监督请求通常具有针对性和实效性。司法机关在审理案件时，若遇到法律法规适用上的困难或发现法律漏洞，也能从司法实践的角度出发，提出有价值的监督建议。此外，一些国家设立的法律监督机构，因其专业性和独立性，使其监督工作更具客观性和公正性。

2. 公民与法人的积极参与

在立法监督过程中，公民和法人的参与是民主法治的重要体现。公民作为社会的基本单位，对于法律的实施有着最直接的体验。当公民认为某项法律的实施侵害了其合法权益或法律本身存在不合理之处时，有权向相关部门提出立法监督的请求。这种来自民间的监督，不仅能够及时反映法律实施中的真实问题，还能促进法律的不断完善。同样，作为社会经济活动的重要主体，法人基于其对相关法律法规的深刻理解和实践经验，在发现相关法律法规存在问题或不利于其正常经营时，也有权提出立法监督的请求。法人的参与不仅有助于维护其自身的合法权益，还能为法律的完善提供宝贵的实践经验。

3. 社会组织和专业团体的专业见解

社会组织和专业团体在立法监督中也发挥着不可忽视的作用。这些组织和团体通常聚集了某一领域的专业人士，对相关法律法规有着深入的研究和独到的见解。当这些组织和团体发现法律法规存在问题或需要改进时，会从专业的角度出发，提出有针对性的立法监督请求。这种专业性的监督请求，不仅能够揭示法律实施中的深层次问题，还能为法律的完善提供科学依据和可行性建议。例如，环保组织可以监督环境保护相关法律法规的实施情况并提出改进意见；消费者权益保护组织则关注消费者权益保护法的实施情况，并为消费者维权提供法律支持。

（二）立法监督启动的条件明确性

1. 法律法规存在冲突或矛盾的条件明确

立法监督的重要启动条件之一是法律法规之间存在冲突或矛盾。这种冲突或矛盾可能源于不同法律法规对同一事项的规定不一致，或者同一法律法规内部条款之间存在逻辑矛盾。为了确保法律体系的统一性和协调性，当发现此类问题时，相关主体可以依据明确的条件启动立法监督程序。这种条件的明确性不仅有助于及时发现并纠正法律体系中的错误，还能确保法律实施的准确性和公正性。在具体实践中，法律法规冲突或矛盾的判断标准是明确的。例如，当两部或多部法律法规对同一事项的规定存在明显差异，或者同一法律的不同条款之间存在无法调和的矛盾时，就可以认定为存在冲突或矛盾。此时，立法监督机构可以依据相关程序对涉及的法律法规进行审查，并提出解决方案，以确保法律体系的内在逻辑性和外在统一性。

2. 法律实施中出现重大问题的条件明确

法律实施中出现重大问题也是立法监督的重要启动条件。这种重大问题可能表现为法律执行过程中的严重偏差、法律效果的显著不佳，或者法律实施引发了广泛的社会不满等。当这些问题出现时，说明现行的法律法规可能已无法适应社会发展的需要，或者法律的执行机制存在严重缺陷。此时，通过立法监督程序对法律进行必要的调整和完善就显得尤为重要。法律实施中出现重大问题的判断标准同样明确。例如，当法律执行过程中出现大量违法行为或法律纠纷，或者法律的实施效果与立法初衷严重背离时，就可以认定为出现了重大问题。在这种情况下，相关主体可以依据明确的条件启动立法监督程序，对涉及的法律法规进行审查和改进，以确保法律的有效实施和社会的公平正义。

3. 公众对立法存在广泛质疑的条件明确

公众对立法存在广泛质疑同样可以构成立法监督的启动条件。这种质疑可能源于法律的不公正、不合理，或者法律的实施给公众带来了不必要的困扰。在这种情况下，立法机关应当认真对待公众的质疑，通过立法监督程序对相关法律进行审查和改进，以回应公众的关切和期待。公众对立法存在广泛质疑的判断标准也很明确。例如，当公众对某一法律法规的公正性、合理性或可操作性提出大量质疑，或者法律的实施引发了广泛的社会争议时，就可以认定为存在广泛质疑。此时，立法监督机构可以依据相关程序对涉及的法律法规进行审查和改进，以消除公众的疑虑和不满，增强法律的可接受性和可执行性。

（三）立法监督启动的程序规范性

1. 立法监督启动的提案与受理程序规范

立法监督的启动往往源于一份正式提案。这份提案应由具有提案权的主体——特定的国家机关、社会团体或公民等——按照法定格式和要求提出。提案需明确指出拟监督的法律法规或规章及其理由和目的。这样的规范性要求确保了提案的严肃性和针对性。受理程序同样需要遵循严格规范。立法监督机构在收到提案后，应进行初步审查以确认提案的合法性和有效性。提案通过初步审查后，立法监督机构应正式受理并启动后续的监督程序。此过程的规范性保证了每一份提案都能得到妥善处理。

2. 立法监督的审查与调查程序规范

立法监督的核心环节在于审查与调查。在这一过程中，立法监督机构应依据法定程序和权限，对提案所涉法律法规或规章进行深入分析和研究。审查内容包括法律的合法性、合理性和实施效果等。同时，立法监督机构有权进行必要的调查以收集更全面的信息和证据。审查与调查程序的规范性，不仅要求立法监督机构严格依法行事，还强调程序的透明度和公开性。这样既可以确保审查与调查结果的公正性和权威性，也有助于提升公众对立法监督工作的信任度和满意度。

3. 立法监督的决定与执行程序规范

经过审查与调查后，立法监督机构将根据具体情况作出相应决定，如修改法律、撤销法律或提出改进建议等。无论作出何种决定，都必须遵循法定的程序权限，确保决定的合法性和有效性。执行程序同样需要遵循严格规范。一旦立法监督机构作出决定，相关机关或部门必须依法执行，不得推诿或拖延。同时，立法监督机构有权对执行情况进行监督和检查，确保决定得到切实有效的执行。

二、立法监督的审查和执行程序

（一）立法监督的审查标准与流程

立法监督的审查是确保法律法规等规范性文件合法、合规的第一步。在审查过程中，必须遵循明确的标准，包括合宪性、合法性、合理性以及规范性文件的实施可行性等。合宪性审查旨在检查法律法规等是否与宪法的规定和精神相符；合法性审查则关注规范性文件是否与上位法相悖；合理性审查着眼于规定内容是否公平、合理，不违背公序良俗；而实施可行性审查则是对法规在实际操作中的可行性评估。审查流程通常包括初步审查、实质审查和最终裁定三个阶段。初步审查主要针对提交文件的形式核查，如文件格式、材料完整性等。实质审查则是深入剖析文件内容，确保其符合上述审查标准。最终裁定阶段则是在实质审查后，由立法监督机构决定是否通过、修改或废止。

（二）立法监督执行措施的实施

审查完成后，立法监督机构会根据审查结果采取相应的执行措施。对于符合标准的法律法规，将予以通过并公布实施。若发现不符合标准的情况，立法监督机构会提出修改意见或建议，并要求制定机关在规定期限内进行修正。对于严重违反审查标准的规范性文件，立法监督机构有权予以废止或撤销。在执行措施的过程中，立法监督机构需对执行情况进行跟踪监督，确保修正措施得到有效落实。若制定机关未在规定期限内完成修正或未按照修正意见进行修改，立法监督机构有权采取进一步的监督措施，包括公开通报、提请上级机关介入等。

（三）立法监督审查与执行的公众参与

公众参与是立法监督过程中不可或缺的一环。在审查阶段，立法监督机构应当公开审查标准和流程，接受公众的监督和质询。同时，设立公众意见征集渠道，广泛听取社会各界对法律法规的意见和建议，确保审查过程的公开、透明和民主。在执行阶段，公众参与同样重要。立法监督机构应当及时向公众通报执行情况和结果，接受公众的监督和评价。对于公众提出的质疑和批评，立法监督机构应当给予积极回应和解释，确保执行措施的公正性和有效性。

三、立法监督的保障机制

（一）建立健全的法律法规体系

1. 明确立法监督

在构建健全的法律法规体系中，首先要明确立法监督的各项基本要素。这包括确定监督的主体，即由谁来进行监督；监督的对象，即哪些法律法规或立法行为需要受到监督；监督的程序，即监督活动应遵循的步骤和流程；监督的范围，即监督活动应覆盖的领域；监督的方式，即如何具体开展监督工作。明确这些要素，对于立法监督工作的顺利开展至关重要。它不仅可以使监督活动有法可依、有章可循，还能确保监督的公正性和透明度。例如，通过明确监督主体，可以避免监督权力的滥用和冲突；通过明确监督对象，可以确保所有应受监督的立法活动都被纳入监督范围；通过明确监督程序，可以保障监督活动的有序进行；通过明确监督范围，可以防止监督的遗漏或重复；通过明确监督方式，可以确保监督活动的针对性和实效性。

2. 对违法违规行为进行明确界定

法律法规体系不仅要为立法监督提供操作指南，还要对可能出现的违法违规行为进行明确界定，并规定相应的法律责任和处罚措施。这一举措是为了维护立法监督的严肃性和权威性，确保所有参与立法活动的主体都能严格遵守法律法规，避免触碰法律的红线。在界定违法违规行为时，应尽可能详细、具体，以便在实际操作中准确判断某一行为是否违法违规。同时，规定的法律责任和处罚措施也应与违法违规行为的性质和严重程度相匹配，既要起到惩戒作用，又要避免处罚过重或过轻。例如，对于故意违反立法程序、滥用立法权力等严重违法违规行为，应规定严厉的法律责任和处罚措施，如撤销相关立法、对责任人进行行政或刑事处罚等。而对于一些轻微的违规行为，如未按时提交立法报告等，可以采取警告、罚款等相对较轻的处罚措施。

3. 注重法律法规的更新和完善

法律是社会生活的反映和调节器。随着社会的发展和时代的变迁，法律法规需要不断更新和完善，以适应新的社会环境和法治需求。特别是在立法监督领域，由于涉及法律的制定、修改和废止等多个环节，更需要保持法律法规的时效性和灵活性。为了实现这一目标，应建立定期评估和修订机制。通过对现有法律法规的定期评估，及时发现其中存在的问题和不足；通过修订机制，对过时或不合时宜的法律法规进行及时修改或废止，并补充新的内容和规定。这样不仅可以保持法律法规体系的动态平衡和适应性，还能确保立法监督工作的持续性和有效性。

（二）强化立法监督机构的独立性和权威性

立法监督机构是实施立法监督的主体，其独立性和权威性直接影响到立法监督的效果。为了确保立法监督机构的独立性，应明确规定其职责权限，避免与其他机构产生职能重叠或冲突。同时，还应加强立法监督机构的自身建设，提高其专业素质和监督能力。在权威性方面，立法监督机构应享有足够的监督权力，包括对违法违规行为的调查权、处理权和建议权等。此外，还可以通过公开透明的工作方式、及时有效的信息反馈和严谨科学的决策程序等，提升立法监督机构的公信力和影响力。通过强化立法监督机构的独立性和权威性，可以确保其有效履行立法监督职责，维护法律体系的稳定和统一。

（三）加强社会监督和公众参与

社会监督和公众参与是立法监督保障机制的重要组成部分。社会监督可以来自媒体、非政府组织、专家学者等各个方面，通过提出意见、建议和批评等方式，对立法工作进行外部监督。这种监督形式具有广泛性和灵活性，能够及时发现和纠正立法过程中的问题。公众参与则是立法监督工作民主化、科学化的重要体现。通过公开征求意见、召开听证会、建立民意调查制度等方式，广泛听取公众对立法工作的意见和建议，可以增强立法监督的透明度和公信力。同时，公众参与还可以提高公众对法律制度的认同感和归属感，有助于法律的顺利实施。为了加强社会监督和公众参与，需要建立完善的信息公开和反馈机制。立法监督机构应及时公开立法信息，接受社会监督；同时建立有效的反馈渠道，对公众的意见和建议进行认真研究和回应。通过这些措施，可以形成立法机关与社会公众之间的良性互动，共同推动立法监督工作的有效开展。

第三节　完善立法监督的途径和方法

一、加强事前监督，提升立法预见性

（一）立法前评估的全面性与深入性

1. 立法前评估的全面性

立法前评估的全面性体现在对立法的各个方面进行全方位的考察和评估。这包括立法的必要性、合法性、可行性以及可能产生的社会、经济影响等多个层面。在评估立法的必要性时，需要深入分析社会现实需求和法律制度的空白，明确立法目的和目标。同时考虑立法是否符合社会发展的总体趋势和人民群众的切身利益，避免盲目立法和重复立法。在评估立法的合法性时，应严格审查立法内容是否符合宪法和法律的基本原则，是否与现行法律体系相协调，是否存在法律冲突。此外，还要关注立法程序是否合法，是否充分保障了人民群众的知情权、参与权和监督权。在评估立法的可行性时，要对立法的实施条件、实施成本以及可能遇到的困难和挑战进行充分预测。这包括分析立法所需的人力、物力、财力等资源是否具备，以及立法实施后可能产生的社会反响和接受程度。

2. 立法前评估的深入性

评估主体不仅要关注立法的表面现象，还要深入挖掘立法的本质和深层次问题。这包括对立法的历史背景、现实基础、发展趋势以及与其他法律制度的相互关系进行深入剖析。为了实现深入评估，评估主体应广泛收集并深入分析专家学者、利益相关者以及普通公众等各方意见，并深入分析。通过多元化的信息来源和意见反馈，为制定更科学合理的法律法规提供有力支撑，从而更全面地了解立法的实际需求和潜在问题。同时，评估主体还应运用专业知识对立法的各项条款进行逐一剖析，确保其合法性、合理性和可操作性。对于存在争议或模糊不清的条款，务必进行深入研究，积极寻求共识，以此确保立法的严谨性和权威性。

3. 立法前评估的方法与体系完善

为了提高立法前评估的全面性和深入性，需要不断完善评估方法和体系。在具体操作上，可以采用定量分析与定性分析相结合的方法，对立法的各项指标进行科学量化。通过数据分析和案例研究，更准确地评估立法的可行性和合理性。此外，还可以借鉴国外先进的立法评估经验，结合我国实际情况进行本土化改造。通过引入国际先进的评估理念和方法，提升我国立法前评估的专业水平和国际化程度。同时，要加强立法前评估的制度建设，明确评估主体、程序和标准，确保评估工作的规范化和制度化。通过建立完善的立法前评估机制，提高立法的透明度和公众参与度，进一步增强立法的民主性和科学性。

（二）立法听证的民主性与透明度

1. 确保听证代表的广泛性和代表性

立法听证的核心在于广泛听取各方意见，因此，确保听证代表的广泛性和代表性至关重要。为实现这一目标，立法机关应当在听证前进行充分调研，了解各方利益群体的诉求和观点，确保不同利益群体都有机会参与听证过程。在选择听证代表时，应注重其代表性和影响力，确保他们能够有效地传达各自群体的声音。同时，为进一步提高听证的民主性，可以采取随机抽取或者推荐与自荐相结合的方式产生听证代表。这样既能保证代表的广泛性，又能确保代表性，使得立法听证更加贴近民意，真实反映社会各界的诉求。

2. 公开透明的听证程序

公开透明的听证程序是提升立法听证民主性和透明度的关键。立法机关应提前公布听证的时间、地点、议题，以及听证代表的名单和背景资料，以便公众了解和监督。在听证过程中，应允许媒体进行报道，让更多的人了解听证的进展和情况。此外，立法机关还应建立完善的听证记录和公开制度。听证记录应详细记录每位听证代表的发言内容和观点，以便立法者进行参考。同时，听证记录应向公众公开，接受社会的监督和质疑，确保听证过程的公正性和公信力。

3. 利用现代信息技术手段拓宽公众参与渠道

随着信息技术的发展，立法听证可以充分利用现代信息技术手段来拓宽公众参与渠道，提高听证的效率和效果。例如，可以利用网络直播平台对听证过程进行实时直播，让无法到场的公众也能在线观看和参与讨论。同时，还可以设置在线互动环节，让公众通过弹幕、评论等方式实时表达自己的观点和诉求。此外，还可以利用大数据和人工智能技术对立法听证进行深度分析和挖掘。通过对听证代表的发言内容和观点进行数据分析，立法者可以更加准确地把握民意和诉求，进而为制定更加符合民意的法律提供有力的数据支持。

（三）事前监督的制度化与规范化

1. 事前监督的制度化

制度化是事前监督工作的基石。为实现事前监督的制度化，首先需要构建完善的法律法规体系，明确事前监督的法律地位和基本原则。通过制定专门的法律法规，明确事前监督的主体、程序、标准和责任等核心要素，为监督工作的有序进行提供坚实的法律保障。在监督主体方面，应明确规定哪些机构或个体有权进行事前监督，以及他们各自的职责和权限。这样可以确保监督工作的专业性和权威性，避免监督过程中的混乱和冲突。在监督程序方面，应制定详细的工作流程和操作规程，确保每一个环节都有明确的步骤和标准。这不仅可以提高监督工作的效率，还能保证监督结果的公正性和准确性。在监督标准方面，应建立科学、合理的评估指标体系，用于评价立法项目的合法性、合理性和可行性。这些标准应具有可操作性和可量化性，便于监督人员在实际工作中进行应用。

2. 事前监督的规范化

规范化是事前监督工作的另一个重要方面。通过定期的培训和教育活动，使监督人员熟悉相关法律法规和操作规程，并掌握先进的监督方法和技巧。同时，还应建立健全考核机制，对监督人员的工作表现进行定期评价，激励他们不断提高自身的监督能力。除了人员培训，还应建立健全监督信息反馈机制和问责机制。监督信息反馈机制可以确保监督信息的及时传递和处理，使相关部门能够及时了解并解决监督过程中发现的问题。问责机制则可以对违反监督规定的行为进行追究和处罚，增强事前监督的约束力和威慑力。

3. 制度化与规范化的互动与促进

制度化与规范化在事前监督中相辅相成。制度化可以为规范化提供法律保障和制度基础，而规范化则可以推动制度化的不断完善和发展。二者之间的互动与促进可以形成良性循环，共同提升事前监督的效果。在实际工作中，我们应根据事前监督的实际情况和需要，不断完善相关制度和规范。通过定期的评估和审查，及时发现并解决存在的问题和不足。同时，还应积极借鉴国内外的先进经验和做法，不断创新事前监督的方式和方法，推动事前监督工作不断迈上新的台阶。

二、丰富多元监督主体，拓宽监督渠道

（一）多元监督主体的参与和协作

1. 司法机关的深入参与

作为法律的守护者和执行者，司法机关具有深厚的法律功底和丰富的法律实践经验。在立法监督中，司法机关的参与能够有效弥补其他监督主体的不足，提供更为专业的法律审查和监督。通过司法审查，可以对立法的合法性、合规性进行深入剖析，确保立法活动在法治轨道上运行。此外，司法机关还可以通过案例分析和法律解释等方式，为立法提供有益的参考和指导，从而促进立法质量的提升。为了实现司法机关的有效参与，需要建立起与立法机关、行政机关等监督主体的常态化沟通机制。通过定期交流、研讨，共同解决立法监督中遇到的疑难问题。同时，司法机关还应积极发挥自身专业优势，主动为其他监督主体提供法律支持和咨询，共同推动立法监督工作的

深入开展。

2. 社会组织的建设性意见

社会组织作为民间力量的代表，具有贴近基层、了解民意的天然优势。在立法监督中，社会组织能够利用其专业性和民间性，为立法提供更接地气的建议和意见。这些建议能够反映基层群众的真实诉求和期望，有助于增强立法的针对性和可操作性。同时，社会组织还可以通过组织专家研讨、民意调查等方式，为立法提供更为全面、客观的信息支持。为了充分发挥社会组织在立法监督中的作用，需要建立良好的合作机制和平台。政府应鼓励和支持社会组织积极参与立法监督工作，为其提供必要的资源和支持。同时，还应加强与社会组织的沟通交流，及时了解和掌握其对立法的看法和建议，为立法决策提供参考。

3. 公民的积极参与和反馈

公民作为社会的基石和立法的最终受益者，他们的意见和反馈对于立法监督具有重要意义。通过广泛征求和吸纳公民的意见，可以确保立法更加符合民意、贴近民生，增强立法的透明度和公信力，提升公众对法律的认同感和遵守意愿。为了实现公民的积极参与和反馈，需要建立畅通的民意表达渠道和完善的反馈机制。政府可以通过问卷调查、听证会、网络征求意见等方式，广泛收集公民对立法的看法和建议，建立健全反馈机制，及时回应公民的关切和诉求，确保立法监督工作真正落到实处。

（二）利用现代信息技术拓宽监督渠道

1. 在线举报平台的设立与应用

为了及时发现和纠正立法活动中的违法违规行为，可以设立在线举报平台。这一平台应鼓励公民和社会组织积极参与，对立法过程中出现的任何不妥行为进行举报。在线举报平台的优势在于其便捷性和实时性，公众可以随时随地进行举报，无须等待或受时间地点限制。同时，举报信息的处理也应高效且透明，确保每条举报都能得到及时回应和妥善处理。在线举报平台的设立不仅能提高立法过程的透明度，还能增强公民对立法监督的参与感和责任感。当公众意识到自己的举报能够直接影响到立法活动的规范性和公正性时，他们更有可能积极参与到立法监督中来。

2. 网络平台在收集公众意见中的应用

利用网络平台开展各种互动活动，如网络问卷调查、在线讨论会等，广泛收集公众对立法活动的意见和建议。这些活动能够更加直观地反映公众的需求和关切，为立法者提供宝贵的民意反馈。通过网络平台，公众可以更加便捷地表达自己的观点和诉求，而立法者也能根据这些反馈及时调整立法策略和方向。此外，网络平台还具有传播速度快、覆盖面广的特点，能够迅速将立法信息传递给广大公众，提高立法过程的公开性和透明度。这不仅有助于增强公众对立法活动的信任感，还能为立法活动的完善提供有力支持。

3. 大数据和人工智能技术在立法监督中的应用

通过大数据分析，可以深入挖掘立法活动中的规律和趋势，为立法监督提供更加科学、准确的依据。例如，可以利用大数据分析技术对历年来的立法案例进行深入研究，发现其中的共性问题和解决方案，为未来的立法活动提供借鉴和参考。同时，人工智能技术也可以在立法监督中发挥重要作用。通过自然语言处理、机器学习等技术手段，可以对大量的立法文本进行自动化分析和处理，提高立法监督的效率和准确性。此外，人工智能还可以辅助立法者进行风险评估和预测，及时发现潜在的立法风险和问题，为立法决策提供更加全面的信息支持。

（三）加强宣传教育和培训

1. 提升公民和社会组织的认知度

要通过宣传教育提升公民和社会组织对立法监督的认知度。在许多情况下，公众对于立法监督的概念、意义及其重要性了解不足，这直接影响了他们的参与度和监督效果。因此，我们需要通过广泛的宣传教育活动，如举办讲座、制作和发布宣传资料等方式，向公众普及立法监督的相关知识。这些活动可以帮助公众了解立法监督的重要性，明确自身在立法监督中的角色和责任，从而更加积极地参与立法监督。同时，我们还可以借助媒体的力量，包括传统媒体和新媒体，进行广泛而深入的宣传。例如，可以通过电视、广播、报纸等传统媒体，以及微博、微信、短视频等新媒体平台发布立法监督的相关信息，引导公众关注和参与立法监督。

2. 增强监督主体的专业素养

要通过专业培训增强监督主体的专业素养。对于立法监督工作来说，专业素养的高低直接影响监督的效果。因此，我们需要针对不同类型的监督主体开展相应的专业培训。例如，对于司法机关人员，可以提供法律审查和监督方面的培训，帮助他们更好地理解和运用法律知识，提高他们在立法监督中的专业能力和水平。对于社会组织，可以提供立法倡导和参与方面的培训，帮助他们更好地了解和掌握立法程序，提高他们参与立法监督的能力。此外，还可以邀请专家学者进行授课，分享他们在立法监督领域的专业知识和实践经验。通过这些培训活动，不仅可以提升监督主体的专业素养，还可以促进他们之间的交流与合作，共同推动立法监督工作的深入开展。

3. 构建持续学习和互动的平台

构建一个持续学习和互动的平台可以为监督主体提供一个持续学习和交流的机会，帮助他们不断更新知识、提升能力。在这个平台上，我们可以定期发布最新的立法动态和监督案例，让监督主体及时了解并掌握最新的立法监督信息。同时，我们还可以设置在线讨论区，鼓励监督主体之间进行交流和互动，分享他们的经验和见解。此外，这个平台还可以作为一个宣传教育的重要渠道，定期发布关于立法监督的宣传资料和教育内容，提高公众对立法监督的认知度和参与度。通过这种方式，我们可以构建一个积极、健康的学习环境，推动立法监督工作的持续发展。

三、明确监督标准，完善责任追究机制

（一）确立明晰的监督标准

1. 立法的合宪性监督

合宪性是立法监督的首要标准，它要求所有法律必须与宪法的规定保持

一致，不能有任何抵触。宪法作为国家的根本大法，具有最高的法律效力，任何法律法规、规章等规范性文件都不得与其相违背。为了确保立法的合宪性，立法机关在制定法律时，必须严格遵循宪法的基本原则和精神，不得违背宪法所确立的国家基本制度、公民的基本权利和义务等核心规定。为了实现合宪性监督，可以设立专门的宪法监督机构，负责对立法进行合宪性审查。这一机构应具备独立性和权威性，能够及时发现并纠正立法中的违宪行为。同时，还应鼓励公民、法人和其他组织对立法提出合宪性审查的建议，以形成全社会共同参与立法监督的良好氛围。通过合宪性监督，可以确保国家法制的统一和尊严，维护宪法的权威和地位。

2. 立法的合法性监督

合法性是立法监督的另一个重要标准。它要求立法必须符合国家的基本法律制度，不能违背法律法规的基本原则和精神。合法性的监督主要体现在两个方面：一是立法程序是否合法，即立法的制定、修改和废止是否遵循法定的程序；二是立法内容是否合法，即法律条文是否符合国家法律制度的要求，是否侵犯公民、法人和其他组织的合法权益。为了实现合法性监督，需要建立完善的法律体系，明确各项法律法规的适用范围和相互关系。同时，还应加强对立法的法律审查，确保立法不与现行法律相冲突，不违背法律法规的基本原则和精神。对于不合法的立法，应及时予以修改或废止，以保障国家法制的统一和协调。

3. 立法的民主性和科学性监督

民主性和科学性是立法监督中不可或缺的标准。立法必须体现人民的意志和利益，反映社会的实际需求。为了实现这一目标，需要加强立法过程中的公众参与机制，广泛征求民意，确保立法符合社会公众的期望。同时，还应充分利用现代科技手段进行立法预测和评估，提高立法的针对性和实效性。民主监督要求立法过程中必须充分听取和吸纳公众的意见和建议。这可以通过公开征求意见、召开听证会、设立立法咨询机构等方式实现。通过这些方式可以确保立法更加贴近民生、符合民意，从而增强立法的公信力和可执行性。科学性监督则要求立法必须建立在科学的基础上，充分利用现代科技手段进行立法预测和评估。这包括对立法的必要性、可行性进行深入分析，对立法可能产生的社会效果进行科学预测和评估等。通过科学性监督，可以确保立法更加符合社会发展的规律和趋势，提高立法的针对性和实效性。

（二）构建完善的责任追究机制

1. 明确责任主体

立法监督涉及立法机关、行政机关、司法机关等多个部门和机构的紧密协作。为了确保责任追究的准确性和有效性，必须首先明确各部门的职责和权限。这包括界定各部门在立法监督中的具体任务、职责范围以及相应的权力边界。通过明确责任主体，可以防止出现问题时各部门之间的相互推诿，确保责任能够落实到具体的部门和个人。在实现责任主体明确的过程中，需要建立完善的组织架构和明确的职责分工。各部门应设立专门的立法监督机构或岗位，负责本部门立法监督工作的组织和实施。同时，应建立跨部门的信息共享和协作机制，确保各部门在立法监督过程中能够密切配合形成合力。

2. 确立责任形式

针对立法监督中出现的违法违规行为，必须采取相应的责任形式进行处罚，以达到震慑和惩戒的目的。责任形式的选择应根据违法违规行为的性质和严重程度来确定，确保其具有针对性和可操作性。对于轻微违规行为，可以采取警告、通报批评等责任形式进行惩戒，以提醒责任人规范自身行为；对于较为严重的违法行为，可以采取罚款、没收违法所得等经济处罚措施增加违法成本；对于造成严重后果的违法行为，如立法腐败、滥用职权等，应依法追究相关责任人的刑事责任，包括拘留、有期徒刑等。此外，还可以考虑采取行政处分、职业禁止等辅助性责任形式，以进一步加大对违法违规行为的惩戒力度。这些责任形式的运用应遵循公正、公平、公开的原则，确保责任追究的合法性和正当性。

3. 完善追究程序

责任追究程序是保障责任追究机制有效运行的关键环节。为了确保责任追究的公正性和有效性，必须遵循正当程序原则，制定详细的追究程序和标准。首先，应建立专门的监督机构或委员会负责责任追究工作。这些机构或委员会应具备独立性和权威性，能够公正、客观地开展责任追究工作。其次，应制定详细的追究程序和标准，包括立案、调查、取证、审理、裁决等环节，在追究过程中，应保障当事人的合法权益，如申辩权、听证权等。最后，应建立公开透明的信息发布机制，及时向社会公布责任追究的结果和相关信息，接受社会监督。通过定期的培训和学习活动，使立法监督人员更加熟悉相关法律法规和追究程序，增强他们的责任意识和执行能力。

（三）加强监督标准的执行与责任追究的实践

1. 加强日常监督，确保立法活动的合规性

日常监督是立法监督工作的基础，要求对立法活动的每一个环节都进行严格的把控。为了确保每一项立法都符合既定的监督标准，我们应当建立一套完善的日常监督体系。这一体系应包括对立法草案的审查、立法程序的监督以及立法后评估等环节。在立法草案的审查阶段，我们需要组织专家团队对草案进行全面的分析和评估，确保其符合合宪性、合法性、民主性和科学性的要求。对于存在问题的草案，应及时提出修改意见并要求相关部门进行完善。在立法程序的监督方面，应确保所有立法活动都严格按照法定程序进行。对于违反程序规定的行为，应及时予以纠正并追究相关责任人的责任。立法后评估则是检验立法效果的重要环节。我们需要定期对已颁布的法律法规进行评估，了解其在实际运行中的效果和问题，为后续立法工作提供参考和借鉴。

2. 及时启动责任追究程序，严肃处理违法违规行为

责任追究是维护立法监督体系权威性的重要手段。一旦发现违法违规行为，应迅速启动责任追究程序，依法对相关责任人进行处罚。这不仅可以起到惩戒作用，还能对其他立法者形成警示效应。在责任追究过程中，应坚持公正、公平、公开的原则，确保程序的正当性和透明度。同时，也应充分保障当事人的合法权益，给予其申辩和听证的机会。

3. 加强宣传与教育，增强法治意识和责任感

宣传与教育是推动立法监督工作深入人心的重要途径。我们需要通过各种渠道和方式，加强对监督标准和责任追究机制的宣传和教育力度。这不仅可以增强立法者和公众的法治意识和责任感，还能引导他们积极参与立法监督工作。通过举办讲座、研讨会等活动，向公众普及立法监督的知识和意义。同时，利用媒体的力量，广泛宣传立法监督的重要性和成果。通过这些活动，可以营造一个积极参与立法监督的良好氛围，共同维护法律体系的稳健运行。加强对立法者的培训和教育。通过定期组织专题培训和学习交流活动，提高立法者的专业素养和职业道德水平。

第四章　法律监督的有效途径

第一节　完善法律法规，明确监督职责

一、完善法律法规的重要性

（一）为法律监督提供明确依据

1. 明确的法律依据是监督行为合法性的基础

法律监督的核心在于其合法性，即监督行为必须依法进行，不能违背法律法规。监督者在执行任务时，根据相关法律法规对被监督对象的行为进行判断和评价，确保监督决定的合法性。这种明确的法律依据不仅保护了监督者的正当权益，也保障了被监督对象的合法权益，避免了监督行为的随意性和权力的滥用。

2. 提高监督行为的准确性和有效性

明确的程序、方法、标准等方面的法律规定，使得监督者在执行监督任务时能够更准确有效地进行判断和评价。例如，在环境保护领域，完善的法律法规会明确规定环境监督的具体程序和方法，以及污染物排放标准等，这样监督者在执行环境监督任务时就能够根据这些具体规定进行判断和评价，提高了监督行为的准确性和有效性。

3. 减少监督过程中的争议和冲突

在法律监督过程中，由于法律法规的不完善或模糊性，往往会导致监督者与被监督对象之间产生争议和冲突。而通过完善法律法规，可以明确各方的权利和义务，减少监督过程中的争议和冲突。当监督者和被监督对象对某一行为是否违法存在争议时，可以依据完善的法律法规进行判断和裁决，避免因法律依据不明确而导致的争议和冲突。同时，完善的法律法规还可以为监督者和被监督对象提供明确的预期，使得双方在法律框架内进行合理的行为选择，进一步减少了争议和冲突的可能性。

（二）规范社会行为与监督行为

1. 为社会行为提供明确的规范

法律法规的完善首先为社会成员提供了明确的行为规范。这些规范不仅界定了什么行为是合法的，什么行为是非法的，而且为社会成员之间的交往和互动提供了基本的规则和秩序。例如，在民法领域，明确的物权、债权等法律规定为人们的经济活动提供了基本的行为准则，保障了交易的安全和效率；在刑法领域，明确的罪名和刑罚规定为人们划定了行为的红线，起到了预防和惩治犯罪的作用。通过完善法律法规，社会成员可以更加清晰地了解自己的行为边界，知道哪些行为是受法律保护的，哪些行为是违法的。这种明确的行为规范有助于引导社会成员自觉遵守法律，减少违法行为的发生，从而营造一个和谐、有序的社会环境。

2. 确保监督行为在法治轨道上进行

法律法规的完善还能确保监督行为在法治轨道上进行。监督行为本身也需要受到法律的约束和规范，以防止监督权的滥用和误用。例如，在行政执法领域，完善的法律法规明确了执法人员的职责、权限和行为规范，确保了执法行为的公正性和透明度；在司法监督领域，明确的法律程序和规范则保障了司法公正和司法效率的实现。这些规定不仅保护了被监督对象的合法权益，也提升了监督行为的公信力和权威性。

3. 提升社会成员和监督者的法律意识

法律法规的完善还有助于提升社会成员和监督者的法律意识。通过明确的法律规定和普法教育，社会成员可以更加深入地了解法律的重要性和意义，增强自觉遵守法律的意愿和能力。同时，监督者也能更加明确自己的职责和使命，提高依法监督的自觉性和主动性。这种法律意识的提升有助于构建一个全民尊法、学法、守法、用法的良好社会氛围。当社会成员和监督者都具备了较高的法律意识时，社会的法治水平也会得到相应的提升。这不仅有助于减少违法行为的发生，还能提高社会的整体治理水平和文明程度。

（三）适应社会发展和法律需求的变化

1. 及时回应社会变迁带来的新法律问题

社会的不断进步和科技的不断革新催生了许多新的领域和业态，如电子商务、人工智能、生物技术等。这些新兴领域不仅改变了人们的生活方式，还引发了一系列新的法律问题。例如，随着网络技术的发展，个人信息保护、网络安全、数据主权等问题逐渐凸显，需要通过完善相关法律法规来加以规范和保护。完善法律法规能够及时回应这些社会变迁带来的新法律问题，确保法律体系与社会现实保持同步，为新兴领域提供有力的法律支撑。此外，随着全球化的深入发展，国际交往日益频繁，跨国法律问题也越来越多。完善法律法规有助于我国更好地融入国际法律体系，与其他国家开展法律交流与合作，共同应对全球性法律问题。

2. 满足人民群众对公平正义的新期待

随着社会经济的发展和人民生活水平的提高，人民群众对公平正义的期待也越来越高。他们希望法律体系能够更加完善，更好地保障自己的合法权益。完善法律法规能够回应人民群众的这种新期待，通过明确各方权利义务、规范社会行为、加强法律监督等方式，更好地维护社会公平正义。同时，完善法律法规还能够提高司法公信力，让人民群众在每一个司法案件中感受到公平正义。当人民群众对法律体系充满信任时，他们更愿意通过法律途径来解决纠纷，这有助于推动社会的法治化进程。

3. 为经济社会发展提供法律保障

经济社会发展离不开法律的支持与保障。完善法律法规能够为经济社会发展提供有力的法律保障，促进市场经济的健康发展。例如，通过完善公司法、合同法等法律法规，可以规范市场主体的行为，保护投资者的合法权益，推动市场经济的良性竞争。同时，完善环保法、劳动法等相关法律法规，也有助于促进社会的可持续发展和民生改善。此外，完善法律法规还能够为政府决策提供法律依据，确保政府行为在法治轨道上运行。这有助于提升政府决策的科学性和合法性，减少决策失误和权力寻租现象的发生。

二、明确监督职责的必要性

（一）确保各监督机构各司其职

1. 防止监督机构职能重叠与冲突

在监督体系中，不同的监督机构可能涉及相似的监督领域，如果职责不明确，就容易出现职能重叠的情况。这种重叠不仅会造成资源浪费，还可能导致不同机构之间的冲突和矛盾。通过明确各监督机构的职责范围，可以有效防止职能重叠，确保每个机构在其专属领域内发挥专长，形成优势互补的监督格局。此外，明确的职责划分也有助于减少机构之间的冲突。当各个监督机构清楚自己的权责边界时，就能更好地协作配合，避免因职责不清而产生的摩擦和争执。这种和谐的监督环境有利于提高监督效率，确保监督工作的顺利进行。

2. 提高工作效率，避免资源浪费

明确的监督职责意味着每个监督机构都清楚自己的工作目标和任务。这有助于各机构更加专注于自己的职责范围，减少不必要的干扰和分散注意力。当监督机构明确了自己的工作重点和方向，就能更加高效地调配资源，优化工作流程，从而提高整体的工作效率。同时，明确的职责划分还能避免资源的浪费。如果监督职责不清晰，可能会导致多个机构同时关注同一问题或领域的情况，造成人力、物力和财力的重复投入。通过明确职责，各机构可以

合理分工，避免资源的重复利用和浪费，实现资源的优化配置。

3. 保障监督的全面性和有效性

明确的监督职责能够确保监督工作的全面性和有效性。当每个监督机构都清楚自己的监督范围和重点时，就能更加全面地覆盖各个领域和环节，避免出现监督盲区。这种全面性的监督有助于及时发现问题并采取相应的措施加以解决，从而维护社会的稳定和公共利益。此外，明确的职责还能提高监督的有效性。当监督机构明确了自己的工作目标和任务时，就能更有针对性地开展监督工作，确保监督措施落到实处并取得实效。这种有效的监督有助于提升社会治理水平，增强人民群众对政府的信任和支持。

（二）防止监督权力的滥用和重叠

1. 建立明确的监督权力界限

首先，要明确各个监督机构的权力界限。不同监督机构之间应该有清晰的职责划分，避免出现多个机构对同一事项同时具有监督权的情况。这样可以有效防止权力的重叠，提高监督效率。同时，各个监督机构也应该明确各自的权力范围，不得越权行使监督职责，以免引发不必要的纷争和冲突。其次，为了防止监督权力的滥用，还应该建立严格的权力运行机制。这包括制定明确的监督程序、标准和要求，确保监督机构在行使权力时能够遵循公平公正的原则，不受任何外部因素的干扰。最后，应该建立完善的问责机制，对滥用监督权力的行为进行严厉惩处，以儆效尤。

2. 加强监督机构之间的沟通与协作

尽管各监督机构职责不同，但在实际工作中，它们之间往往存在着密切联系。因此，加强监督机构之间的沟通与协作至关重要。通过建立定期的交流机制，各机构可以及时了解彼此的工作进展和遇到的问题，从而更好地协调各自的监督行动。这不仅可以避免权力的重叠和冲突，还能提高工作效率，确保监督工作的顺利进行。同时，加强沟通与协作还能促进信息共享和资源整合。各监督机构可以共同建立一个信息平台，及时分享各自掌握的信息和资源，从而提高监督的针对性和有效性。这种跨机构的合作有助于打破信息壁垒，减少资源浪费，实现监督工作的最大化效益。

3. 强化外部监督和公众参与

要防止监督权力的滥用和重叠，还需强化外部监督和公众参与。一方面，应该鼓励和支持媒体、社会组织等外部力量对监督机构进行独立的监督和评估。这可以增加监督工作的透明度和公信力，减少权力滥用的可能性。另一方面，应该积极拓宽公众参与的渠道和方式，让公众能够更加方便地参与监督工作。例如，可以建立公众举报机制，鼓励公众对滥用监督权力的行为进行举报；还可以开展公众满意度调查等活动，了解公众对监督工作的看法和建议。通过强化外部监督和公众参与，可以形成对监督机构的有效制衡和约束。这不仅可以防止权力的滥用和重叠，还能提高监督机构的工作质量和效率。同时，公众参与还能增强公众对监督工作的认同感和支持度，为监督工作的顺利开展奠定坚实的社会基础。

（三）提高监督效率与责任追究

1. 建立健全监督机制

要想提高监督效率，必须建立健全监督机制。这包括明确监督的目标、原则、程序和方法，确保监督工作的系统性、规范性和可操作性。监督机制应该贯穿事前、事中、事后全过程，形成闭环管理。事前要明确监督的标准和要求，为监督对象提供清晰的指引；事中要加强过程控制，及时发现问题并督促整改；事后要进行总结评估，提炼经验教训，不断完善监督制度。同时，要充分利用现代信息技术手段，建立监督信息共享平台，实现各部门之间的信息互通和资源共享。这不仅可以提高监督的时效性，还能增强监督的针对性和有效性。通过大数据分析、云计算等技术手段，对监督过程中产生的数据进行深入挖掘和分析，为决策提供科学依据，进一步提升监督的智能化水平。

2. 优化监督流程，提升监督效率

要提高监督效率，必须对现有的监督流程进行优化。一方面，要简化监督程序，减少不必要的环节和手续，缩短监督周期，提高工作效率。通过定

期的业务培训、技能提升和实践锻炼，使监督人员更加熟悉监督法规、政策和业务流程，提高他们发现问题、分析问题和解决问题的能力。此外，还可以引入第三方评估机构对监督工作进行客观评价，确保监督结果的公正性和权威性。同时，加强对监督工作的宣传和教育，提高公众对监督工作的认识和支持度，为监督工作的顺利开展营造良好的社会氛围。

3. 强化责任追究，确保监督实效

要提高监督效率与责任追究的效果，必须强化责任追究机制。对于监督过程中发现的问题和违规行为，要依法依规进行严肃处理，确保责任到人、处罚到位。同时，建立健全问责制度，对失职渎职、滥用职权等行为进行严厉打击和惩处。在强化责任追究的过程中，要注重程序公正和实体公正的统一。要确保责任追究的程序合法合规、公开透明，避免出现任意性和滥用权力的情况。同时，在责任追究的过程中要充分听取当事人的陈述和申辩意见，保障其合法权益不受侵犯。此外，还应加强社会监督的作用。通过公开透明的方式接受社会监督，让公众参与责任追究的过程，增强公众对责任追究的信任感和认同感。同时积极回应社会关切和质疑声音，及时公布相关信息和处理结果以消除误解和疑虑。

三、完善法律法规与明确监督职责的相互关系

（一）法律法规的完善促进监督职责的明确

1. 提供明确的监督标准和程序

完善的法律法规为监督机构提供了明确的监督标准和程序。这些标准和程序不仅规范了监督行为，还使得监督工作有法可依、有章可循。通过法律法规的明确规定，监督机构可以清晰地了解自己的职责范围和工作要求，从而更好地履行监督职能。法律法规中应明确监督的对象、内容、方式以及监督结果的处理等，为监督机构提供全面的操作指南。例如，在环境保护领域，相关法律法规可以明确规定监督机构对污染排放、生态保护等方面的监督职责，以及相应的监督程序和标准。这样，监督机构就可以依法对环境污染行

为进行监督和处罚，确保环境保护政策的有效实施。同时，明确的监督标准和程序也有助于减少监督过程中的主观性和随意性，提高监督工作的公正性和透明度。当监督机构按照法律法规规定的标准和程序进行工作时，公众会更加信任其监督结果，从而增强监督机构的公信力和权威性。

2. 界定清晰的权力边界和责任范围

法律法规的完善有助于界定清晰的权力边界和责任范围。通过明确规定各监督机构的职责权限，可以避免权力重叠和职责不清的问题。每个监督机构都应在法律法规的框架内行使自己的权力，承担相应的责任。这种清晰的权力边界和责任范围有助于提高工作效率，减少资源浪费。各监督机构可以更加专注于自己的职责范围，避免不必要的竞争和冲突。同时，当出现问题时，也可以迅速明确责任主体，及时进行问责和处理。

3. 强化法律执行和监督问责机制

完善的法律法规能强化法律执行和监督问责机制。当法律法规对监督职责有明确规定时，监督机构必须严格按照法律规定履行职责，否则将承担相应的法律责任。这种法律约束和问责机制可以促使监督机构更加认真负责地履行职责，提高监督工作的有效性。此外，法律法规的完善还可以为公众提供更多参与监督的途径和方式。公众可以依据法律规定对监督机构的工作进行监督和评价，促进监督机构不断改进工作、提高服务质量。这种公众参与和监督的机制有助于形成全社会共同参与社会治理的良好氛围。

（二）明确的监督职责推动法律法规的进一步完善

1. 以问题为导向，促进法律法规的修订

明确的监督职责意味着监督机构在履行职责的过程中，能够更准确地识别和定位法律法规实施过程中遇到的问题。这些问题可能包括法律条文的模糊性、法律空白或法律与现实脱节等。监督机构在发现这些问题后，会积极推动相关法律法规的修订工作，以适应社会发展的需要。例如，在税务监督中，如果监督机构发现某些新兴的经济活动在现行税法中没有明确的规定，就可能导致税收的流失或不公平现象。此时，监督机构可以根据其实践经验，

提出对税法的修订建议，以确保税收的公平性和有效性。通过这种方式，明确的监督职责不仅有助于及时发现法律法规中的问题，更能通过问题的反馈和解决机制，推动法律法规的逐步完善，从而更好地服务于社会发展和公众利益。

2. 以实践为基础，推动法律法规的细化与优化

明确的监督职责要求监督机构在履行职责的过程中，必须深入了解实际情况，掌握第一手资料。这种深入实践的工作方式，使得监督机构能够根据实际情况，对法律法规的实施效果进行评估，进而提出细化和优化的建议。例如，在环境保护领域，监督机构在履行职责的过程中，可能会发现某些环保法规在实际操作中难以执行，或者执行效果不佳。此时，监督机构就可以结合实践经验，提出对法规的细化建议，如明确具体的排放标准、检测方法和处罚措施等，以提高法规的可操作性和执行效果。因此，明确的监督职责能够促使监督机构在实践中不断摸索和完善法律法规，推动其向更加细致、更加实用的方向发展。这种以实践为基础的法律法规的完善过程，不仅能够更好地满足社会发展的需要，还能提高法律法规的权威性和有效性。

3. 以公众利益为出发点，增强法律法规的公正性和透明度

明确的监督职责要求监督机构始终以公众利益为出发点和落脚点。在履行职责的过程中，监督机构会密切关注公众的需求和关切，及时发现和解决损害公众利益的问题。这种以公众利益为导向的监督工作，有助于增强法律法规的公正性和透明度。例如，在消费者权益保护领域，监督机构在履行职责的过程中，会积极回应消费者的投诉和举报，对侵害消费者权益的行为进行严厉打击。同时，监督机构还会根据消费者的反馈和需求，提出对消费者权益保护法的完善建议，以更好地保护消费者的合法权益。通过这种方式，明确的监督职责能够推动法律法规更加贴近公众的实际需求，增强其公正性和透明度。这不仅有助于提升公众对法律法规的信任度和满意度，还能为社会的和谐稳定提供有力的法律保障。

第二节 加强司法审查与司法公开

一、充分认识司法监督的必要性

(一) 保障司法公正，防止权力滥用

司法是维护社会公平正义的最后一道防线，而对司法的外部监督则是确保这道防线不被突破的关键。这种外部监督包括来自其他权力机构、媒体以及公众的审视和检查，旨在保证司法机关公正、公平、合法地行使职权，从而有效防止司法腐败，并提升司法的公信力。在司法实践中，由于法官、检察官等司法人员拥有较大的裁量权，如果缺乏有效的监督，就可能会导致权力滥用，进而损害司法公正。因此，通过加强司法监督，可以确保司法人员在行使职权时严格遵守法律。同时，司法监督还可以规范司法程序，确保当事人在诉讼过程中受到公正对待。例如，在刑事诉讼中，通过对侦查、起诉、审判等环节的监督，可以确保犯罪嫌疑人的合法权益得到保障，防止刑讯逼供、超期羁押等侵犯人权的行为发生。

(二) 提高司法效率，维护社会稳定

司法监督不仅有助于保障司法公正，还能提高司法效率。在缺乏有效司法监督的情况下，司法程序可能会出现拖延、推诿等现象，导致案件久拖不决，严重影响司法效率。而通过加强司法监督，可以及时发现并纠正这些问题，推动案件得到及时、公正的处理。此外，司法监督还有助于维护社会稳定。当公众对司法系统失去信任时，社会的法治基础就会动摇。通过加强司法监督，可以增强公众对司法的信任感，从而维护社会稳定。例如，在涉及民生领域的案件中，通过加强司法监督，可以确保当事人的合法权益得到及时、有效的保护，进而减少社会矛盾和冲突。

（三）促进法治建设，提升国家治理水平

加强司法监督是推动法治建设的重要举措。在现代法治社会中，法律是最高权威，任何组织和个人都必须遵守法律。通过加强司法监督，可以确保法律法规得到严格执行，从而维护法治的权威性和统一性。同时，司法监督也是提升国家治理水平的重要途径。在国家治理体系中，司法系统扮演着至关重要的角色。通过加强司法监督，可以推动司法系统不断完善自身建设，提高司法人员的业务素质和职业道德水平，进而提升国家治理的整体水平。例如，在反腐败斗争中，通过加强司法监督，可以及时发现并打击腐败行为，为国家治理提供有力的法律保障。

二、加强司法审查机制建设

（一）建立健全的司法审查流程

1. 明确司法审查的范围和程序

在建立健全的司法审查流程中，要明确司法审查的范围和程序。这包括确定哪些案件或行为需要进行司法审查，以及审查的具体步骤和要求。通过明确范围，可以确保审查工作的针对性和有效性，避免资源的浪费和滥用。同时，明确的程序可以规范审查人员的行为，确保审查过程的公正性和透明度。为了实现这一目标，相关法律法规应该对司法审查的范围进行明确界定，并详细规定审查的程序。例如，可以规定在涉及重大公共利益、社会关注度高的案件中，必须进行司法审查。在程序方面，可以规定审查的启动、调查、听证、裁决等各个环节的具体要求和时限，以确保审查工作的高效和公正。此外，还可以建立案例指导制度，通过发布典型案例来指导审查工作的实践。这不仅可以提高审查人员的业务水平，还可以促进审查标准的统一和规范化。

2. 规定审查时限，确保高效处理

为了提高司法审查的效率，必须规定明确的审查时限。时限的设定可以促使审查机构在规定的时间内完成审查工作，避免拖延和积压。同时，时限

的公开透明也可以增加公众对审查工作的信任度和满意度。在制定审查时限时，需要充分考虑案件的复杂性和紧急性。对于简单明了的案件，可以设置较短的审查时限；对于复杂疑难的案件，可以适当延长审查时限以确保审查的质量。此外，还可以建立紧急审查机制，针对涉及重大公共利益或需要迅速处理的案件，进行快速审查并及时作出裁决。为了确保审查时限的有效执行，还可以建立监督机制和问责机制。对于超时未完成的审查工作，可以进行问责并采取相应的补救措施。同时，公众和媒体也可以对审查时限的执行情况进行监督，推动审查工作的高效和公正。

3. 设立专门的司法审查委员会或小组

为了确保司法审查的专业性和公正性，可以设立专门的司法审查委员会或小组，由具有丰富法律知识和实践经验的专家组成。这样既可以提高审查的专业水平和工作效率，也有助于减少外界干扰和压力。在设立专门的司法审查委员会或小组时，需要充分考虑其成员的专业背景和经验，可以邀请法官、检察官、律师等法律专业人士加入，以确保审查工作的专业性和权威性。同时，引入社会监督员或公众代表参与审查过程，增强透明度和公信力。此外，为了保障审查委员会或小组的独立性和公正性，可以实行任期制和定期轮换等制度。此举有助于避免因长期任职带来的利益固化和思维僵化，确保审查工作的客观公正。同时，还可以建立完善的内部管理制度和监督机制，全程监控和记录审查过程，确保审查工作的规范性和可追溯性。

（二）提升司法审查的专业性和公正性

1. 加强对审查人员的专业培训

鉴于司法审查工作的专业性和复杂性，审查人员必须具备扎实的法律知识和丰富的实践经验。因此，加强对审查人员的专业培训至关重要。培训内容应涵盖法律理论、法律条文解读、案例分析等多个方面，以确保审查人员能够全面、准确地理解和运用法律。同时，培训还应注重实践技能的提升，如调查取证、法律文书撰写等，以提高审查工作的效率和质量。除了定期培训，还可以通过专题讲座、研讨会等形式提升审查人员的专业素养，鼓励他们积极参与并分享经验。此外，建立激励机制，对表现优秀的审查人员给予奖励和晋升机会，以激发其学习和工作的积极性。

2. 引入第三方专家参与复杂案件审查

对于涉及专业领域或技术问题的复杂案件，引入第三方专家参与审查非常必要。这些专家可以提供专业的意见和建议，帮助审查人员更好地理解案件中的专业问题，从而提高审查的准确性和公正性。在选择第三方专家时，应注重其专业背景和实际经验，确保其能够提供有价值的意见和建议。应建立严格的专家选聘和管理制度，确保专家的独立性和公正性。在审查过程中，第三方专家应与审查人员充分沟通，共同深入分析案件，形成科学合理的审查结论。

3. 建立严格的回避制度和监督机制

为确保司法审查的公正性，必须建立严格的回避制度和监督机制。回避制度是指在特定情况下，审查人员应当主动或被动地退出审查工作，以避免利益冲突或偏见影响审查结果的公正性。例如，当审查人员与案件当事人存在亲属关系、利害关系或其他可能影响公正审查的情形时，应当申请回避。相关法律法规也应对回避的情形、程序和后果进行明确规定，以确保制度的有效执行。此外，还应建立完善的监督机制，包括对审查过程的监督、对审查结果的复核以及对审查人员行为的监察等。监督机构应保持独立性，对审查工作进行全面、客观的监督，确保审查的公正性和合法性。对于发现的违规行为或不当操作，应及时纠正并追究相关责任人的责任。通过建立严格的回避制度和监督机制，最大限度地减少人为因素对司法审查的影响，确保审查结果的公正性和权威性。这也有助于提升公众对司法体系的信任度和满意度，维护社会的稳定和谐。

（三）强化对司法审查结果的监督和追责

1. 设立独立的监督机构对审查结果进行复核

为了确保司法审查结果的公正性和准确性，应设立一个独立的监督机构，专门负责对审查结果进行复核。这个机构应具备高度的独立性和权威性，不受其他任何部门的干涉，以确保其能够对审查结果进行客观、公正的评估。复核机构应建立一套完善的复核程序和标准，对审查结果的合法性、合理性和公正性进行全面审查。在复核过程中，应注重听取各方当事人的意见和陈述，尤其是对那些涉及重大利益或社会影响广泛的案件，更应进行深入的调查和核实。一旦发现审查结果存在问题，复核机构应及时提出并要求原审查机构进行改正。同时，复核机构还应定期对审查工作进行总结和评估，针对发现的问题提出改进意见和建议，以推动司法审查工作的不断完善和提高。

2. 对审查中出现的错误或不当行为进行问责

为了强化对审查结果的监督，必须对审查中出现的错误或不当行为进行严格的问责。这包括对审查人员的失职、渎职、滥用职权等行为进行查处和惩罚。问责机制应明确问责的主体、程序和标准。对于发现的错误或不当行为，应依法依规进行严肃处理，不仅要追究相关责任人的法律责任，还要对其进行纪律处分或行政处罚。同时，应公开问责过程和结果，接受社会监督，以增强问责的透明度和公信力。通过严格的问责机制，可以警示和教育审查人员，促使其更加谨慎、认真地履行职责，减少错误和不当行为的发生。

3. 公开审查结果，接受社会监督

公开审查结果，接受社会监督，是司法公正与透明的重要体现。这一举措能够显著增强司法公信力，同时也是建设法治社会、保障公民知情权和监督权的有力措施。公开审查结果意味着将司法的决策过程与结果置于阳光之下，让公众能够清晰地了解到每一个司法决策的依据和逻辑。这不仅能够减少司法过程中的暗箱操作，还能有效提升公众对司法系统的信任度。当公众看到司法决策是公正、公开、透明的，他们自然会更加信赖和支持司法系统。接受社会监督是让公众参与司法过程，实现公民对司法的直接监督。这种监督不仅是对司法权力的制衡，更是推动司法进步的重要力量。社会监督能够及时发现并指出司法过程中可能存在的问题，促使司法机构进行自我完善和改进。

三、推进司法公开透明化

（一）完善司法公开制度

1. 深化司法公开内容，确保信息的全面性和准确性

完善司法公开制度，首先要深化公开内容，确保公众能够获取到全面、准确的信息。这包括案件的基本情况、审判流程、裁判文书及执行情况等各个环节的信息。通过全面公开这些信息，可以让公众对司法过程有更深入的了解，从而增强对司法公正的信任感。在实现深化公开内容的过程中，需要注重信息的准确性和及时性。司法机关应建立严格的信息审核机制，确保所公开的信息真实可靠，避免误导公众。同时，还应及时更新公开信息，让公众能够在第一时间了解案件的最新进展。此外，对于涉及个人隐私、商业秘密等敏感信息的案件，应在保护当事人合法权益的前提下，进行适当的脱敏处理后再予以公开，以平衡公众知情权和个人隐私权的关系。

2. 拓展司法公开渠道，提高信息公开的可达性和便捷性

除了深化公开内容，还需要拓展司法公开的渠道，让公众能够更便捷地获取到所需信息。随着互联网的普及和发展，司法机关应充分利用网络平台，如官方网站、微博、微信公众号等，及时发布司法信息，与公众进行互动交流。同时，还可以利用传统媒体如报纸、电视等渠道进行信息公开，以满足不同群体的信息需求。在拓展公开渠道的过程中，需要注重信息的可达性和便捷性。司法机关应优化信息公开的流程，提高信息发布的效率和覆盖范围，确保公众能够轻松获取所需信息。此外，还可以开展普法宣传活动，通过讲座、展览等形式，向公众普及法律知识，提高其对司法公开的认识和理解。

3. 强化司法公开的监督与保障机制

完善司法公开制度，关键在于构建坚实的监督与保障机制，以确保每一项公开制度都能得到切实有效的执行。这种机制的构建不仅涉及内部的管理和考核，更需要外部的监督与反馈，从而形成闭环管理系统。建立健全的考核机制是第一步。司法机关应当制定详细的考核标准和流程，对信息公开工

作进行定期、全面的考核评估。考核不应流于形式，而应当深入到每一项工作的具体执行中，切实反映工作实际效果。例如，从信息公开的及时性、准确性、完整性等多方面进行考察，确保每一个环节都达到既定标准。同时，为了激励工作人员更好地履行职责，对于在信息公开工作中表现突出的部门和个人，应当给予适当的表彰和奖励。这不仅是对他们工作的肯定，也能激发其他工作人员的积极性，营造良好的工作氛围。公众作为司法公开的最终受益者和最大的监督力量，应鼓励其积极参与信息公开的监督，对于发现的问题及时提出并给出建议。司法机关应当设立专门的反馈机制，确保每一条公众意见都能得到及时、有效的回应。

（二）加强裁判文书公开和解读

1. 深化裁判文书网上公开

随着互联网的广泛应用，应继续加强法院裁判文书的网上公开工作。确保每一件案件的裁判文书都能够在指定平台上及时、准确地发布，供公众查阅。这不仅有助于提升司法透明度，还能接受社会各界的监督，进一步确保裁判的公正性。在实施过程中，必须确保公开的裁判文书质量上乘、内容准确无误，并妥善保护涉案当事人的隐私。

2. 强化检察信息公开

检察机关作为法律监督机关，其工作透明度和公开性同样重要。我们应定期公布检察工作报告、重大案件办理进展以及相关法律监督活动结果。此外，还可以通过公开听证、答复群众举报等方式，增强检察工作的公开性和互动性，让公众更加了解和支持检察工作。

3. 提升司法文书的可读性与普及度

鉴于司法文书的专业性和复杂性，需通过多种方式提升其可读性和普及度。比如发布典型案例解读、撰写通俗易懂的法律文书解读文章，以及利用新媒体平台进行图文并茂的普法宣传。还应与学校、社区等基层单位紧密合作，开展形式多样的法治教育活动，帮助公众更好地理解和应用法律知识。

4. 建立健全司法公开的监督与保障机制

为确保司法公开工作有效实施，必须建立一套完善的监督和保障机制，包括设立专门的监督机构或指定专人负责监督司法公开工作的执行情况，定期进行评估和检查，并对未按规定进行公开的部门或个人进行问责。同时，鼓励并保障公众参与监督的权利，对于公众的举报和反馈，及时响应并处理。

（三）拓宽公众参与和监督渠道

1. 构建多元化的公众参与机制

为了拓宽公众参与渠道，需要构建多元化的公众参与机制。该机制应涵盖各个社会阶层和群体，确保不同声音都能被充分听取。具体可通过设立公民陪审团、开展公众咨询、举办公民论坛等方式，让公众直接参与司法决策。这样不仅能够提升公众对司法决策的认同感，还能有效监督司法权力运行。在实施过程中，应注重公众的广泛性和代表性。通过科学抽样、公开招募等方式，确保各个社会群体都有代表参与司法决策。同时，加强对公众参与者的培训和指导，提高其参与能力和水平，确保公众参与的有效性和质量。此外，还可以通过建立在线平台、利用社交媒体等方式，降低公众参与门槛，让更多人便捷地参与司法决策。如此一来，不仅能够拓宽公众参与的广度和深度，还能进一步提高司法决策的透明度和公正性。

2. 强化社会监督力量

在拓宽公众监督渠道方面，需要强化社会监督力量。社会监督是确保司法公正与透明的重要保障，可通过引入第三方评估、建立社会监督员制度等方式，有效增强社会监督的力度和效果。邀请具有专业背景和社会影响力的人士担任社会监督员，对司法活动进行定期或不定期的检查和评估。同时，鼓励媒体、非政府组织等社会力量积极参与司法监督，形成多元化的监督体系。在实施过程中，应注重保护社会监督员的独立性和权威性。通过建立完善的选拔机制和考核机制，确保社会监督员能够真正履行监督职责，为司法公正与透明提供有力保障。

3. 完善信息公开与反馈机制

为了拓宽公众参与和监督渠道，需进一步完善信息公开与反馈机制。信息公开是公众参与和监督的基础，只有确保信息的全面、及时、准确公开，才能让公众对司法活动有充分的了解和认识。同时，应加强对信息公开工作的监督和检查，确保各项制度得到有效执行。在信息公开的基础上，还应建立完善的反馈机制。通过设立专门的反馈渠道、定期举办座谈会等方式，及时收集和处理公众的意见和建议。如此一来，不仅能够增强公众参与感和归属感，还能及时发现并纠正司法活动中存在的问题和不足。同时，对于公众反馈的问题和建议，应及时进行回应和处理。通过建立问责机制、完善整改措施等方式，确保公众反馈得到有效落实和解决。这样不仅能够提升公众对司法活动的信任度和满意度，还能进一步促进司法公正与透明的实现。

第三节　提高行政透明度与健全问责制度

一、增强行政透明度

（一）信息公开与共享机制

1. 建立全面的信息公开制度

为了保障公民的知情权，政府应建立全面的信息公开制度。该制度应明确信息公开的范围、内容、方式和时限，确保政府信息能够及时、准确、全面地公开。同时，政府还应制定信息公开的目录和指南，方便公民查询和获取所需信息。在实施信息公开制度时，政府应注重信息的及时性和准确性。对于重大事件或突发事件，政府应迅速公开相关信息，避免谣言传播和公众恐慌。此外，政府还应定期对信息公开工作进行评估和审查，确保制度有效执行。通过建立全面的信息公开制度，政府能够向公众展示其决策过程和执行情况，增强行政透明度，提高政府的公信力和可信度。

2. 促进政府部门之间的信息共享

在政府部门之间建立信息共享机制，有助于提高政府决策的科学性和效率。不同部门往往掌握着各自领域的信息和数据，通过共享这些信息，可以实现资源的优化配置和协同工作。为实现信息共享，政府应建立统一的信息平台或数据中心，整合各部门的信息资源。同时，政府还应制定信息共享的标准和规范，确保信息的准确性和一致性。此外，政府还应加强对信息共享的监督和管理，防止信息泄露和滥用。通过促进政府部门之间的信息共享，可以打破信息壁垒，提高政府决策的全面性和针对性，进一步提升行政透明度。

3. 拓展公众参与信息公开的渠道

公众参与是增强行政透明度的重要途径。政府应积极拓展公众参与信息公开的渠道，鼓励公民参与到信息公开的过程中来。为实现这一目标，政府可以建立在线平台或移动应用，方便公民随时查询和获取政府信息。同时，政府还可以定期举办信息公开日或听证会等活动，邀请公民参与其中，了解政府的决策过程和执行情况。此外，政府还应建立反馈机制，及时回应公民的关切和疑问，增强政府与公民之间的互动和沟通。通过拓展公众参与信息公开的渠道，政府能够更广泛地听取公众的意见和建议，提高决策的科学性和民主性。同时，这也有助于增强公民的参与感和归属感，促进社会的和谐与稳定。

（二）政务流程透明化改革

1. 优化政务流程，实现公开透明

政务流程的透明化，首先需要从流程本身进行优化。传统的政务流程可能存在环节多、效率低、不透明等问题，这既影响了政府工作的效率，也降低了公众的满意度。因此，政府需要对现有的政务流程进行全面的梳理和评估，找出存在的问题和瓶颈进行优化。在优化政务流程的过程中，应坚持公开透明的原则。具体来说，就是要将政务流程的各个环节、具体要求、办理时限等公之于众，让公众对政府的工作有清晰的了解。这样不仅可以增强政府的公信力，还可以提高公众的参与度，形成政府与公众之间的良性互动。同时，政府还应积极引入现代信息技术，推动政务流程的数字化、智能化改

造。通过建设电子政务平台、使用大数据和人工智能等技术手段，可以实现对政务流程的实时监控和数据分析，进一步提高政府工作的透明度和效率。

2. 加强政务信息公开，保障公众知情权

政务信息公开是政务流程透明化改革的重要组成部分。政府应定期公布政务信息，包括政策法规、决策过程、执行结果等，确保公众对政府的各项工作有全面的了解。同时，政府还应建立有效的信息查询和反馈机制，方便公众随时获取所需信息，并及时回应公众的关切和疑问。在加强政务信息公开的过程中，政府需要把握好信息公开与保密的关系。一方面，要确保涉及国家安全和公共利益的信息不被泄露；另一方面，要尽可能地公开其他政务信息，满足公众的知情权。这需要政府建立完善的信息公开审查机制，对公开的信息进行严格的把关。此外，政府还应加强对政务信息公开的监督和管理。通过建立信息公开考核机制、设立信息公开监督机构等方式，确保政府各部门能够严格按照规定进行信息公开工作。对于违反信息公开规定的行为，应依法进行查处，保障公众的合法权益。

3. 推动公众参与，形成社会共治

政务流程透明化改革的最终目的是实现社会共治。因此，政府应积极推动公众参与政务流程的监督和管理。通过公开征集意见、举办公众听证会等方式，广泛听取公众的意见和建议，确保政务流程的改革能够真正反映公众的需求和期望。同时，政府还应建立完善的公众参与机制，包括明确公众参与的范围、方式和程序等，为公众参与提供有力的制度保障。政府还可以通过建立志愿者队伍、设立社区议事会等方式，增强公众参与的组织性和有效性。在推动公众参与的过程中，政府需要注重引导和培育公众的参与意识和能力。通过加强宣传教育、开展培训活动等方式，提高公众对政务流程透明化改革的认识和参与度。这样不仅可以增强公众的责任感和归属感，还可以促进政府与公众之间的合作与互动，共同推动政务流程透明化改革的深入发展。

（三）公众参与决策透明度

1. 民主决策的基础

公众参与是民主决策不可或缺的一环，它体现了人民主权的原则。在公

共政策制定过程中，广泛的公众参与能够确保政策的科学性和民主性，减少决策的失误。公众参与不仅包括公众对政策方案的直接表达，还涵盖公众对政策问题的关注和讨论。为了实现有效的公众参与，政府需要搭建多样化的参与平台，如听证会、民意调查、公民论坛等，这些平台为公众提供了表达意见和诉求的渠道。同时，政府还应注重公众参与的代表性，确保不同社会群体的声音都能被听到和考虑。公众参与不仅能提升决策的民主性，还能培养公民的社会责任感。通过参与公共政策的制定和执行，公众能更加了解政府的运作机制，增强对政策的认同感和支持度。这种参与式民主的实践，有助于构建政府与公众之间的互信关系，为社会的长期稳定和繁荣奠定基础。

2. 保障公民的知情权

决策透明度是指政府在制定和执行公共政策时，应向公众公开相关信息和决策过程，以保障公民的知情权。透明度是现代政府治理的重要原则之一，它要求政府及时、准确、全面地公开信息，接受公众的监督。提高决策透明度有助于增强政府的公信力。当政府能够公开、公正地制定和执行政策时，公众对政府的信任度自然会提升。此外，透明度还能促进政策的科学性和有效性。在公开的环境下，政府需要更加谨慎地权衡各方利益，确保政策的合理性和可行性。

为了实现决策透明度，政府需要建立完善的信息公开制度，明确其公开的范围、方式和时限。同时，政府还应加强对信息公开的监督和管理，确保信息的真实性和准确性。通过提高决策透明度，政府能够赢得公众的信任和支持，为政策的顺利实施创造有利条件。

3. 公众参与和决策透明度的互动关系

公众参与和决策透明度之间存在着密切的互动关系。一方面，公众参与能够提高决策的透明度。当公众广泛参与政策制定和执行过程时，政府的决策过程自然会更加公开透明。公众的监督能够促使政府更加负责任地行使权力，减少暗箱操作的可能性。另一方面，决策透明度又能激发公众参与的积极性。当政府能够公开、公正地制定政策时，公众自然会更愿意参与政策讨论和制定。透明度为公众参与提供了信息基础和动力源泉，使得公众能够更加有效地行使自己的民主权利。因此，政府应积极推动公众参与和决策透明度的双向互动。通过加强信息公开、拓宽参与渠道、完善参与机制等措施，构建一个公开、透明、民主的公共政策环境。这不仅能提升政府的公信力和执行力，还能促进社会的和谐与稳定。

二、问责制度的构建与完善

（一）明确问责主体与对象

1. 确立多元化的问责主体

在问责制度中，问责主体是指有权发起问责的组织或个人。为确保问责的全面性和公正性，应确立多元化的问责主体，包括政府部门、立法机构、司法机关、媒体和公众等。政府部门作为问责的主要主体之一，特别是上级政府对下级政府的问责，应建立有效的内部监督机制，对下级部门的政策执行、资金使用、行政效能等方面进行定期检查和评估，发现问题及时启动问责程序。立法机构作为代表民意的机关，也应成为问责的重要主体，可通过质询、调查、听证等方式，对政府部门的政策制定和执行情况进行监督，确保其符合法律法规和民意要求。司法机关在问责制度中发挥着不可或缺的作用，应依法对政府部门及其工作人员的违法行为进行审判和裁决，维护法律的权威性和公正性。

2. 明确具体的问责对象

问责对象是指需要承担责任的政府部门、机构或个人。为增强问责的针对性和实效性，应明确具体的问责对象。政府部门作为公共政策的制定者和执行者，应成为主要的问责对象，需建立健全内部责任体系，明确各级领导和工作人员的职责和权限，确保政策的有效执行和责任的明确划分。同时，具有公共服务职能的机构也应纳入问责对象范畴，这些机构包括公共事业单位、公共服务机构等，它们承担着提供公共服务的重要职责。对于这些机构的问责，应重点关注其服务质量和效率，确保其满足公众的需求和期望。此外，政府工作人员作为政策执行的具体操作者，也应成为问责对象，他们应严格遵守法律法规和职业道德规范，认真履行职责和义务，对于工作人员的违规行为或失职行为，应依法进行问责和处理。

3. 建立清晰的问责关系

在明确了问责主体和对象之后，还需建立清晰的问责关系，包括明确问责主体与对象之间的权利义务关系、问责的程序和方式等。问责主体与对象之间应建立明确的权利义务关系，同时建立完善的问责程序和方式，包括明确问责的启动条件、调查程序、处理方式和期限等。问责程序应公开透明，确保问责的公正性和权威性。对于问责对象存在的问题，应根据情节轻重依法进行处理，包括警告、罚款、撤职等措施。明确问责主体与对象是问责制度构建与完善的关键环节，通过确立多元化的问责主体、明确具体的问责对象以及建立清晰的问责关系等措施的实施，我们可以有效地推动问责制度的完善和发展，为构建责任政府、提升政府公信力奠定坚实基础。

（二）建立健全问责法律法规体系

1. 制定专门的问责法律并明确各项要素

为保障问责制度的权威性和有效性，必须首先制定专门的问责法律。这部法律应详细规定问责的主体、对象、程序、方式和后果，以确保在实际操作中有法可依、有章可循。问责主体应涵盖政府、立法机构、司法部门以及社会公众，形成多元化的问责格局。问责对象则应明确包括各级政府部门、公职人员以及承担公共服务职能的机构和个人。在问责程序方面，法律应规定清晰、公正、透明的流程，包括问责的启动、调查、决策、执行和反馈等环节。问责方式应多样化，既可以包括行政处分、经济处罚，也可以涉及法律追究和公开道歉等。同时，法律还应明确问责的后果，即被问责对象需要承担的责任和惩罚措施，以起到震慑和警示作用。

2. 修订和完善现有相关法律法规

在建立健全问责法律法规体系的过程中，还需对现有的相关法律法规进行修订和完善。这一步骤旨在确保各项法律法规之间的一致性和协调性，避免出现法律空白或法律冲突。修订和完善工作应重点关注以下几个方面：一是对与问责制度密切相关的法律法规进行梳理和评估,找出其中可能存在的问题和不足;二是根据问责制度的需求,对相关法律法规进行必要的修改和补充,以确保其与问责制度相一致;三是加强各项法律法规之间的衔接和协调,形成一个完整、系统的法律法规体系。

3. 加强法律法规的宣传和教育

建立健全问责法律法规体系的最后一步是加强法律法规的宣传和教育。这一步骤对于提高公众对问责制度的认识和参与度至关重要。应通过各种渠道和方式,如新闻媒体、网络平台、宣传手册等,广泛宣传问责法律法规的内容和精神。这不仅可以增强公众的法律意识,还可以引导公众正确理解和运用问责制度。同时,应加强对公职人员的法律法规培训和教育,通过定期举办培训班、研讨会等活动,提高公职人员对问责制度的认识和执行能力。此外,还可以将问责制度纳入公职人员的考核和晋升机制,以激励其积极履行职责和义务。另外,要积极回应公众对问责制度的关切和疑问,通过建立有效的信息反馈机制和互动平台,及时解答公众的咨询和投诉,增强公众对问责制度的信任感和归属感。

(三) 强化问责执行力度和透明度

1. 建立健全问责执行机构

要确保问责制度得到有力执行,必须建立健全专门的问责执行机构。这一机构应具备独立性和公正性,不受其他行政力量的干涉,以确保其能够客观地履行职责。该机构的职责应包括但不限于接收和审核问责申请、组织调查取证、提出问责建议及监督问责决定的执行。同时,应赋予该机构必要的权限,如调查权、建议权和监督权,以确保其能够有效地开展工作。为确保问责执行机构的独立性和公正性,可以从人员配置、经费保障和工作机制等方面加以保障。例如,可以选拔具有专业知识和实践经验的人员担任机构成员,提供充足的经费支持以确保其正常运转,以及建立科学的工作机制以提高工作效率和质量。

2. 加强对问责执行情况的监督和检查

监督和检查是确保问责制度有效执行的重要手段。一方面，应建立定期的监督机制，对问责执行机构的工作进行全面评估，确保其按照规定的程序和标准履行职责。另一方面，应开展不定期的专项检查，针对特定事件或问题进行深入调查，以发现和纠正可能存在的问题。在监督和检查过程中，应注重数据的分析和比对，确保问责决定的客观性和公正性。同时，应建立问责执行情况的信息公开制度，让公众了解问责的进展和结果，增强问责制度的公信力和透明度。

3. 建立公开透明的问责程序和信息反馈机制

公开透明的问责程序是确保问责制度公信力和互动性的关键。应制定详细的问责程序规范，明确各个环节的职责和要求，确保问责过程的公正性和公信力。同时，应公开问责的依据、程序和结果，让公众了解问责的具体内容和标准，增强问责制度的透明度。为了增强问责制度的互动性和参与性，还应建立有效的信息反馈机制。这包括设立专门的投诉举报渠道，鼓励公众积极参与问责过程；建立及时回应公众关切和疑问的机制，以增强公众对问责制度的信任和归属感；同时，还可以利用现代信息技术手段，如在线平台等，提高信息反馈的效率和便捷性。

三、监督与保障机制

（一）内部监督机制的强化

1. 建立健全内部审计和监察体系

建立健全内部审计和监察体系是强化内部监督机制的首要任务。这一体系的核心在于设立专门的内部审计和监察部门，这些部门负责对政府部门及其公职人员的行为进行定期或不定期的审查和检查。通过这种方式，可以及时发现并纠正可能存在的问题，确保政府部门及其公职人员的行为始终符合法律法规和问责制度的要求。为确保内部审计和监察部门的有效性，这些部门必须具备独立性和权威性。独立性是指它们在执行职责时不受其他部门的干涉，能够客观地进行审计和监察工作。权威性则是指它们的审计和监察结果应被高度重视，并作为改进工作和提高效率的重要依据。

2. 加强内部信息公开和透明度建设

加强内部信息公开和透明度建设是强化内部监督机制的另一个重要方面。信息公开和透明度是现代政府治理的基本原则之一，也是防止腐败和提高政府公信力的关键手段。通过定期公布工作报告、财务数据等重要信息，政府部门可以接受内部监督部门的审查以及社会的监督，从而及时发现并纠正存在的问题。同时，还应加强信息公开平台的建设和维护，确保信息的及时更新和准确发布。此外，政府部门还应积极回应社会关切的问题，主动接受社会的监督。

3. 建立完善的内部激励机制和约束机制

建立完善的内部激励机制和约束机制是强化内部监督机制的最后一环。激励机制的目的在于激发公职人员的工作积极性和创造力，约束机制则在于规范公职人员的行为，防止其滥用权力或玩忽职守。为建立完善的内部激励机制和约束机制，可以采取以下措施：一是建立科学的考核评价体系，对公职人员的工作绩效进行客观、公正的评价；二是根据考核评价结果给予相应的奖励或惩罚，以此激发公职人员的工作积极性和责任感；三是加强公职人员的职业道德教育和法制教育，增强其法律意识和道德水平。

（二）外部监督渠道的拓展

1. 加强与社会各界的沟通与合作

政府部门应积极与社会各界建立良好的沟通与合作机制。这种机制的建立，旨在促进政府部门与社会各界之间的信息交流，以便及时了解社会需求和公众意见，从而更好地履行职责。为实现这一目标，政府部门应主动接受媒体、企业、社会组织和公众的监督。媒体作为信息传播的重要渠道，具有舆论监督的功能。政府部门应定期举行新闻发布会，及时公开政府决策、工作进展和成效，接受媒体的提问和质询，以此增强政府的透明度。同时，政府部门还应主动邀请媒体参与重大活动的报道，以便让公众更全面地了解政府的工作情况。

2. 利用现代信息技术手段拓展监督渠道

随着信息技术的不断发展，互联网、社交媒体等现代信息技术手段为外部监督提供了新的渠道和方式。政府部门应充分利用这些技术手段，拓展外部监督的渠道和方式。一方面，政府部门可以建立在线投诉举报平台，方便公众对公职人员的行为进行监督和举报。通过在线平台，公众可以随时随地对公职人员的违法违规行为进行举报，提高了监督的时效性和便捷性。同时，政府部门还应对举报信息进行及时回应和处理，以此增强公众对政府的信任。另一方面，政府部门还可以利用大数据、云计算等技术手段对政府部门及其公职人员的行为进行分析和评估。通过对大量数据的挖掘和分析，可以发现公职人员在履行职责过程中存在的问题和不足，以便及时进行整改和提高。这种方式不仅可以提高监督的针对性和有效性，还可以为政府决策提供科学依据。

3. 完善法律法规保障外部监督权力

为确保外部监督的有效性，政府部门应完善相关的法律法规，保障公众和社会组织的监督权利。首先，应明确规定公众和社会组织有权对政府部门及其公职人员的行为进行监督，并为其提供必要的法律支持和保障。其次，应建立健全举报人保护制度，确保举报人的合法权益不受侵犯。最后，应加大对违法违规行为的惩处力度，以此彰显法律的威严和公正。通过这些措施的实施，可以有效地拓展外部监督渠道，提高问责制度的公信力和有效性。同时，这也有助于促进政府部门及其公职人员履行职责、遵守法规，推动社会的和谐稳定和发展进步。

（三）保障措施与政策支持

1. 加强宣传与推广

问责制度的成功实施，离不开公职人员和公众对其的深刻理解和广泛认同。因此，政府部门需持续加大对问责制度的宣传和推广力度。这不仅是为了提高公众对问责制度的知晓率，更是为了深化公职人员对制度重要性的认识，从而促使他们在日常工作中自觉践行问责要求。宣传和推广的方式可以多种多样，例如举办专题培训班、研讨会等活动，集中向公职人员普及问责制度的相关知识，强化他们的法律意识和问责意识。同时，也可以利用媒体、网络等渠道，广泛宣传问责制度的理念、实践案例和成效，引导公众积极参与监督，共同营造有利于问责制度实施的社会氛围。在宣传内容上，应注重普及问责制度的基本概念、原则、程序以及实践中的具体操作方法。通过生动、具体的案例讲解，让公职人员和公众更加直观地理解问责制度对于提升政府效能、维护公共利益的重要作用。同时，也要强调公职人员在问责制度中的责任与担当，激励他们以更加饱满的热情投入工作。

2. 建立健全法律保障体系

问责制度的有效执行，离不开完善的法律保障体系作为支撑。为此，政府部门需要制定和完善与问责制度相关的法律法规和政策文件，为制度的执行提供明确的法律依据和保障。这些法律法规和政策文件应涵盖问责的主体、对象、程序、责任等多个方面，确保问责过程的合法性、公正性和透明度。在制定法律法规和政策文件时，应充分考虑问责制度的实践需求和发展趋势，确保其内容既符合当前实际情况，又具有一定的前瞻性和可操作性。同时，还要注重法律法规和政策文件之间的衔接和协调，避免出现相互矛盾或重复的情况。除了制定和完善法律法规和政策文件，政府部门还需要加大对公职人员违法行为的惩处力度。通过严格执法、公正司法，确保问责制度的严肃性和权威性。对于违反问责制度规定的公职人员，应依法依规进行处理，绝不姑息迁就。

3. 提供充足的经费和技术支持

问责制度的执行需要充足的经费和技术支持作为保障。政府部门应确保为问责制度的实施提供必要的经费预算，包括人员培训、设备购置、信息化建设等方面的投入。同时，还要积极争取社会各界的支持和参与，拓宽资金来源渠道，为问责制度的长期发展奠定坚实基础。在技术支持方面，政府部门应充分利用现代信息技术手段，提升问责制度的执行效率和质量。例如，可以建立电子政务平台，实现信息共享、流程优化等功能；利用大数据分析技术，对公职人员的行为进行实时监测和评估；引入智能化的监督系统，提高问责的精准度和时效性。此外，政府部门还可以通过购买社会服务等方式，引入专业化的第三方机构参与问责过程。这些机构具有丰富的专业知识和实践经验，能够为问责制度的执行提供有力的技术支持和专业指导。同时，它们的参与也有助于提高问责的专业性和公信力，增强公众对制度的信任和认可。

第五章　法律监督方法的创新与实践

第一节　传统法律监督方法的反思

一、传统法律监督方法的应用及局限性

（一）事后监督为主，缺乏预防和实时监控

传统法律监督方法往往侧重于事后监督，即在违法行为发生后才进行调查和处理。这种方式虽然能够对违法者进行惩处，但无法预防违法行为的发生，也难以及时纠正正在进行的违法行为。因此，事后监督的局限性在于其滞后性和被动性。滞后性体现在事后监督通常是在违法行为已经完成、损害已经造成之后才介入，这使得监督机构无法及时阻止违法行为的发生，也难以最小化违法行为的损害。被动性则体现在事后监督往往是基于公众的举报或媒体的曝光等外部因素而启动，监督机构缺乏主动发现和处理问题的能力和机制。为了克服这些局限性，监督机构需要转变思路，加强事前预防和事中监控。通过加强事前审查、建立健全预警机制以及进行实时监控等手段，及时发现并纠正违法行为，从而避免事后监督的滞后性和被动性。

（二）监督手段单一，难以应对复杂情况

传统法律监督方法往往依赖于单一的监督手段，如审查、调查、听证等。然而，随着法律环境的日益复杂和多样化，单一的监督手段已难以应对各种复杂的法律问题。例如，在面对新型违法行为、跨国犯罪、网络犯罪等复杂情况时，单一的监督手段往往显得力不从心。此外，传统法律监督方法还缺乏对新兴领域和新型违法行为的有效监督手段。随着科技的快速发展和互联网的普及，新兴领域和新型违法行为层出不穷，如网络诈骗、数据泄露、知识产权侵权等。这些新型违法行为往往具有隐蔽性、跨地域性等特点，使得传统法律监督方法难以有效应对。为了应对复杂情况，监督机构需要创新监督手段，引入科技支持，提高监督的精准度和效率。同时，还可以建立跨部门、跨地区的联动机制，加强信息共享和协作配合，共同应对复杂情况。

（三）监督效果评估机制不完善

传统法律监督方法往往缺乏对监督效果的评估机制。这使得监督机构无法及时了解自身工作的成效和不足，也无法针对问题进行改进和优化。同时，由于缺乏科学的评估标准和方法，监督机构往往难以对监督效果进行量化评估，导致监督工作具有盲目性和随意性。为了完善监督效果评估机制，监督机构需要建立科学的评估标准和方法。通过制定明确的评估指标和评估流程，对监督工作的各个环节进行全面、客观地评估。同时，还可以引入第三方评估机构或专家团队进行独立评估，提高评估结果的客观性和公正性。通过完善的监督效果评估机制，监督机构可以及时了解自身工作的成效和不足，并针对问题进行改进和优化，从而提高监督工作的质量和效率。

二、传统法律监督方法的问题剖析

（一）监督时效性不足

1. 监督反应的滞后

在传统法律监督体系中，监督机构通常在问题出现后才进行介入，这种

模式被称为事后监督。然而，事后监督的固有缺陷在于其反应总是滞后于问题的发生。当监督机构得知问题并开始介入调查时，违法行为往往已经完成，损失可能已经造成，甚至有些情况下损害已经无法挽回。例如，在环境保护领域，只有污染事件被曝光，监督机构才开始介入调查，但此时生态环境可能已经遭受严重破坏。这种滞后性严重影响了法律监督的及时性和有效性，使得监督机构在应对突发事件和防止损害扩大方面显得力不从心。为了改善这一状况，我们需要建立更加迅速和高效的响应机制。具体而言，可以通过加强事前预警和实时监测，以便在问题出现之初就能及时发现并介入处理。此外，还可以利用现代信息技术手段，如大数据分析、物联网技术等，提高对违法行为的预测和发现能力，从而实现对问题的快速反应和有效处理。

2. 监督过程的冗长

传统法律监督方法的另一个问题是处理过程冗长。这主要是由于烦琐的行政程序和司法程序所导致的。在处理一个案件时，需要经历多个环节和程序，包括调查取证、审查起诉、开庭审理等，这些环节需要耗费大量的时间和精力。因此，一个案件的处理可能需要数月甚至数年的时间才能完成。这种冗长的处理过程不仅消耗了大量的时间和资源，还可能使得违法者有机会逃避法律的制裁，甚至继续实施违法行为。为了解决这个问题，我们需要优化监督流程并提高监督效率。具体而言，可以通过简化行政程序和司法程序，减少不必要的环节和手续，提高处理效率。同时，还可以加强部门之间的协作和配合，避免重复劳动和资源浪费。此外，还可以利用现代信息技术手段来提高工作效率和准确性，如建立电子案卷管理系统、在线办理案件等。

3. 监督效果的迟缓显现

传统法律监督方法还存在监督效果迟缓显现的问题。由于监督反应的滞后和监督过程的冗长，导致法律监督的效果往往难以在短时间内显现。这使得公众对法律监督体系的信任度降低，也影响了法律监督的权威性和有效性。为了提升法律监督的效果和公信力，我们需要采取一系列措施来加强和改进法律监督工作。首先，要加强事前预防和事中监控机制的建设，提高监督工作的主动性和前瞻性。通过建立健全预警系统和实时监控机制，及时发现并纠正违法行为，防止问题扩大和损害加重。其次，要创新监督手段和方法，引入现代科技手段来提高监督的精准度和效率。例如，利用无人机、遥感监测等技术手段对重点区域进行实时监控等。最后，要加强公众参与和社会监督力量。通过公开透明的方式向社会公布监督结果和处理情况，接受社会监督和评价；同时鼓励公众参与举报违法行为，提高社会监督的积极性和有效性。

（二）对新兴领域和新型违法行为的监督力度不足

1. 法律法规的滞后性

传统法律监督方法通常基于现有的法律法规进行设计和实施。然而，法律法规的制定往往需要经过一系列的程序和讨论，这导致法律法规在应对新兴领域和新型违法行为时存在一定的滞后性。当新兴领域和新型违法行为出现时，现有的法律法规可能未能及时跟上这些变化，从而使得传统法律监督方法在面对这些新情况时显得无所适从。为了解决这个问题，我们需要完善相关法律法规，以适应新兴领域和新型违法行为的变化。具体而言，可以通过加强立法工作，及时修订和完善相关法律法规，将新兴领域和新型违法行为纳入法律规制的范畴。同时，还可以通过司法解释等方式，对现有法律法规进行解释和补充，以适应社会实践的发展。

2. 技术能力的不足

新兴领域和新型违法行为往往具有较高的技术性，如网络犯罪、金融诈骗等。这些违法行为利用了先进的技术手段，使得其更加隐蔽和难以被发现。然而，传统法律监督方法在技术能力方面往往存在不足，难以有效地应对这些技术性违法行为。为了提升监督机构的技术能力，我们可以加强技术培训和引进技术人才。通过为监督机构的工作人员提供相关的技术培训，提高他们的技术素养和应对技术性违法行为的能力。同时积极引进技术人才，为监督机构注入新的技术力量。此外，还可以与高校、科研机构等建立合作关系，共同研发新技术、新方法来应对技术性违法行为。

3. 国际合作的缺失

随着全球化的深入发展，新兴领域和新型违法行为也呈现出跨国性、全球性的特点。然而，传统法律监督方法在国际合作方面往往存在缺失，难以有效地应对跨国性违法行为。由于缺乏国际合作机制和信息共享渠道，不同国家之间的法律监督机构往往各自为战，难以形成合力来打击跨国性违法行为。为了加强国际合作，我们可以建立国际合作机制和信息共享渠道。具体而言，可以通过签订国际协议、建立国际合作组织等方式来加强国际合作。此外，还可以利用现代信息技术手段来建立信息共享渠道，实现不同国家之间法律监督机构的信息共享和协作配合。通过这些措施，我们可以更加有效地应对跨国性违法行为带来的挑战。

（三）监督资源配置不合理

1. 人力资源配置问题

传统法律监督方法在人力资源的配置上存在明显短板，特别是在检察机关内部。检察机关通常依赖于一定数量的司法工作人员进行现场调查和审查，但现实情况是，司法工作人员数量有限，无法满足日益增长的法律监督需求。此外，司法工作人员的专业素质和技能水平也存在差异，部分人员可能缺乏处理复杂法律问题的能力，导致一些重要的法律问题无法得到及时有效的处理。

为优化检察机关人力资源配置，可以从两个方面入手：一是通过扩大招聘规模、提高薪资待遇等方式增加司法工作人员的数量，吸引优秀人才的加入；二是定期组织法律知识更新、案例分析等培训活动，加强司法工作人员的专业培训，提升其专业素质和业务能力。同时，建立有效的激励机制，鼓励司法工作人员积极学习和掌握新的法律知识，以适应不断变化的法律环境。

2. 物力资源配置问题

物力资源配置不合理是传统法律监督方法面临的一大难题。在取证、鉴定等工作中，传统方法往往需要投入大量设备和资金。然而，由于资源分配不均，一些地区的法律监督工作可能因缺乏必要的物力支持而无法有效开展。例如，一些偏远地区可能缺乏先进的取证设备和鉴定技术，导致监督工作难以进行。为改善物力资源配置，我们需要加大投入，特别是在偏远地区和基层单位。通过购置先进的取证设备、引进先进的鉴定技术等方式，提升这些地区的法律监督能力。同时，还可以建立物力资源共享机制，实现不同地区、不同部门之间的资源共享和优势互补，从而提高物力资源的使用效率。

3. 财力资源配置问题

财力资源对于法律监督工作的正常开展至关重要，它不仅是监督机构日常运营的保障，也是提升监督能力、完善监督手段的基础。然而，在传统法律监督方法中，财力资源的配置存在一些明显的不合理之处。在现实中，部分地区可能由于经济发展相对滞后或财政压力较大，而选择削减法律监督的经费。这种削减往往直接影响监督工作的正常进行，可能导致监督力度不足，甚至使得一些重要的法律监督任务无法完成。经费的不足会限制监督机构采购先进的技术设备、培训专业人员，从而影响监督工作的效率和质量。与此同时，一些地方在财力资源的使用上也存在不当之处。比如，有的地方可能会出现重复购置相同或类似设备的情况，这不仅造成了资源的浪费，也增加了财政负担。有的地方为了追求表面的规模，盲目扩大人员编制，却忽视了人员素质的提升和专业化建设，这样的扩张往往难以带来监督工作实质性的进步。

三、对传统法律监督方法的改进思路

（一）建立综合性法律监督体系

1. 确保法律的合法性与合理性

立法监督是综合性法律监督体系的首要环节。它主要涉及对法律法规的制定和修改过程进行监督，以确保法律的合法性和合理性。立法监督的核心在于防止立法权的滥用，保证立法内容符合国家宪法和法律的基本原则，同时反映社会公正和公众利益。为实现有效的立法监督，我们需要建立一个公开透明的立法程序，让公众参与立法过程，提出意见和建议。此外，还应设立专门的立法监督机构，对立法过程进行全程跟踪和监督，以确保立法的科学性和民主性。如此一来，我们便能从源头上保障法律的质量，为后续法律的实施奠定坚实基础。

2. 防止权力滥用与违法行为

行政监督是综合性法律监督体系的另一个重要组成部分。它主要负责审查和监督政府行政行为的合法性与合规性，以防止行政权力被滥用和违法行为的发生。在现代社会，行政机关掌握着广泛的权力和资源，如果缺乏有效监督，很容易导致权力的滥用和腐败现象的发生。为了加强行政监督，我们需要建立一套完善的行政监督机制，涵盖内部审计、行政监察、行政复议等多个环节。同时，应加大对行政行为的公开力度，让公众了解政府的决策过程和结果。此外，还应鼓励公众参与行政监督，通过举报、投诉等方式揭露行政违法行为，促使政府依法行政、廉洁从政。

3. 保障司法公正与权威

司法监督是综合性法律监督体系的关键环节。它主要涉及对司法活动的公正性与合法性进行监督，以保障司法的公正和权威。司法作为维护社会公平正义的最后一道防线，如果不公，将严重损害法律的权威和社会的稳定。司法监督在法律监督体系中占据着举足轻重的地位，是确保司法活动公正性和合法性的重要机制。作为综合性法律监督体系的核心组成部分，司法监督不仅关乎司法程序的正当性和法律适用的准确性，更直接影响着司法的公正与权威。

在现代法治社会中，司法被视作维护社会公平正义的最后一道屏障。因此，司法的公正性和权威性对于社会稳定和法律秩序的维护具有不可替代的作用。然而，司法活动并非完全不受外界影响，司法裁判过程中可能会出现偏差或错误，这就需要通过有效的监督机制及时发现并纠正，这也正是司法监督存在的意义。通过对司法活动的全面监督，包括审判程序、法律适用以及裁判结果的公正性等方面，司法监督旨在确保每一个司法案件都能得到公正、公平的处理。

（二）引入现代科技手段提高监督效率

1. 数据化监督取代传统人力监督

传统的法律监督方法往往依赖于执法人员的经验和直觉，这种方式在处理复杂案件时可能存在主观性和不准确性。而现代科技手段，特别是大数据技术的应用，可以帮助我们实现数据化监督，从而提高监督的精准度和效率。这种方式不仅能够快速识别出潜在的法律风险，还能为精准打击违法行为提供数据支持。相比传统的人力监督，数据化监督更加客观、准确，且能大幅提升监督效率。此外，数据化监督还可以帮助我们进行风险评估和预警。通过对历史数据的分析，我们可以预测到未来可能出现的法律风险，从而提前采取防范措施。这种具有预测性的监督方式，是传统法律监督方法无法比拟的。

2. 智能化技术减轻人力负担

在传统的法律监督方法中，执法人员需要耗费大量时间和精力进行案件审查和证据收集。这种方式不仅效率低下，而且容易受到执法人员个人经验和能力的影响。而人工智能技术的应用，可以有效地减轻执法人员的负担，提高监督工作的准确性和效率。人工智能技术可以辅助执法人员进行案件审查和证据分析。借助自然语言处理、图像识别等技术手段，我们可以自动化地处理和分析案件材料，快速筛选出关键信息。这种方式既能提高案件审查的速度和准确性，又能够减少人为因素导致的误判和漏判。同时，人工智能技术还可以用于智能监控和预警系统。通过实时监测和识别异常行为，我们可以及时发现并处置违法行为，从而提高法律监督的及时性和有效性。这种智能化的监督方式，是传统法律监督方法无法实现的。

3. 科技手段增强监督的公信力和透明度

在传统的法律监督方法中，由于监督过程的不透明性，往往容易引发公众对监督公正性的质疑。而现代科技手段的应用，可以增强监督的公信力和透明度，提高公众对法律监督的信任度。例如，我们可以利用区块链技术确保监督数据的真实性和不可篡改性。通过区块链技术的去中心化、数据不可篡改的特点，我们可以保证监督数据的真实性和完整性。这种方式能够消除公众对监督数据真实性的疑虑，提高法律监督的公信力。同时，我们还可以利用互联网平台实现监督过程的公开和透明。通过互联网平台，我们可以及时公开监督结果和相关信息，接受公众的审视和监督。这种方式不仅能够增强公众对法律监督的信任度，还能促进公众与法律监督机构的互动和沟通。

（三）加强公众参与和国际合作

1. 建立公开透明的法律监督机制

为了促进公众参与，必须建立一个公开透明的法律监督机制。这意味着法律监督的过程和结果都应当向公众公开，接受公众的审视和监督。公开透明的监督机制能够增强公众对法律监督工作的信任感和认同感，从而激发他们参与监督的积极性和主动性。实现公开透明需要从制度建设和技术支持两方面入手。制度建设方面，应完善相关法律法规，明确公开的范围、方式和程序，确保公众的知情权、参与权和监督权得到充分保障。技术支持方面，可以利用现代信息技术手段，如政府网站、社交媒体等，及时发布法律监督的相关信息，方便公众获取和监督。同时，公开透明的监督机制有助于防止权力滥用和腐败现象的发生。当公众能够清晰地了解到法律监督的全过程时，任何不合规或违法的行为都将无处遁形。这种"阳光下的监督"能够有效地提升法律监督的公正性和权威性。

2. 提升公众参与感和获得感

要使公众真正成为法律监督的主体，除了建立公开透明的监督机制，还需要提升公众的参与感和获得感。这意味着我们要让公众在法律监督过程中感受到自己的价值和影响力，从而更加积极地参与监督工作。提升公众参与感的关键在于建立有效的反馈机制。当公众提出意见和建议时，监督机构应当及时回应并给予合理的解释和处理。这种互动式的参与方式能够让公众感受到自己的声音被重视和采纳，从而增强他们的参与热情和信心。同时，可以通过开展各种形式的宣传教育活动来提升公众的获得感。例如，可以组织法律知识讲座、模拟法庭等活动，让公众更加深入地了解法律和监督工作的重要性和意义。这些活动不仅能够提升公众的法律意识和素养，还能增强他们对法律监督工作的认同感和支持度。

3. 加强国际合作与交流

随着全球化的不断深入发展，跨国法律问题日益凸显。为了更好地应对这些挑战并提升跨国法律监督的效率和准确性，我们需要加强国际合作与交流，与其他国家和地区建立法律监督合作机制，相互分享监督信息和经验做法。通过定期举行会晤、开展研讨和交流活动，我们可以学习借鉴其他国家和地区的先进经验和做法，不断完善和提升自身的法律监督体系和能力。同时，积极参与国际法律监督组织的活动和工作。这些组织通常会集了来自世界各地的法律专家和学者，他们具有丰富的理论知识和实践经验。通过参与这些组织的活动和工作，我们可以及时了解国际法律监督的最新动态和趋势，为推动国际法律监督体系的完善和发展贡献自己的力量。此外，加强国际合作与交流还有助于提升我国在国际舞台上的话语权和影响力。

第二节　创新法律监督方法的提出

一、创新法律监督方法的背景与意义

（一）当前法律监督面临的挑战

1. 法律监督体系的复杂性

随着社会的快速发展和法律体系的不断完善，法律监督所涉及的领域和范围也日益广泛。从刑事、民事到行政等各个领域，法律监督需要对不同的法律规范和制度进行全面、细致的监督。然而，由于法律体系的庞杂和监督对象的多样性，现有的法律监督方法往往难以做到全面覆盖，容易出现监督盲区，这给法律监督带来了极大的挑战。此外，随着全球化的深入发展，跨国法律问题和国际法律监督也逐渐成为新的挑战。如何在跨国法律框架下进行有效的法律监督，维护国家利益和公民权益，是当前法律监督体系需要解决的问题。

2. 技术变革对法律监督的影响

信息技术的迅猛发展为法律监督带来了新的挑战。互联网、大数据、人工智能等技术广泛应用，信息传播速度更快、范围更广，却也为违法行为提供了新的手段和空间。例如，网络犯罪、数据泄露等新型违法行为不断涌现，给法律监督带来了新的难题。此外，技术变革对法律监督的方式和手段提出新要求。传统法律监督方法往往难以适应信息技术的发展，需要不断创新和完善。如何利用现代科技手段提高法律监督的效率和准确性，是当前法律监督面临的重要课题。

3. 公众对法律监督的期望与需求变化

随着社会的发展和公民权利意识的提高，公众对法律监督的期望和需求也在不断变化。一方面，公众对法律监督的公正性、透明度和效率提出了更高的要求；另一方面，公众希望通过法律监督维护自身权益，促进社会公平正义。现有的法律监督体系在满足公众期望和需求方面存在差距。如何更好地回应公众的期望和需求，提高法律监督的公信力和有效性，是当前法律监督需要解决的重要问题。同时，公众参与法律监督的意识和能力有待提高，需要加强公众法治教育和参与机制的建设。

（二）创新法律监督方法的必要性

1. 适应社会发展的需求

随着社会的不断进步和发展，法律体系和社会环境也在发生着深刻变化。传统法律监督方法在面对这些新变化时可能力不从心，无法全面、有效地履行监督职责。因此，创新法律监督方法成为适应社会发展的必然选择。社会经济的快速发展带来了许多新的法律问题和挑战，如互联网的普及和电子商务的兴起带来网络交易、数据保护等新型法律问题层出不穷。这些新问题的出现，要求法律监督机构能够迅速应对，制定并执行相应的法律规范。创新法律监督方法可以帮助法律监督机构更好地理解和解决新问题，维护社会的公平正义。在多元化的社会背景下，不同群体对法律的理解和需求可能存在差异。创新法律监督方法可以更好地满足不同群体的法律需求，促进社会的和谐稳定。同时，随着民众权利意识的提升，他们对于法律监督的期望也更高。

2. 提升法律监督的效率和准确性

传统的法律监督方法往往依赖人工审核和纸质记录，这种方式不仅效率低下，而且容易出现错误和遗漏。随着科技的发展，特别是信息技术的进步，为法律监督方法的创新提供了可能。通过引入先进的技术手段如大数据分析、人工智能等，可以大幅提升法律监督的效率和准确性。大数据分析技术可以帮助法律监督机构快速处理大量的法律数据，发现其中的规律和趋势，为决策提供科学依据。而人工智能技术则可以辅助法律监督人员进行案件审核和判断，减少人为因素的干扰，提升监督的准确性。这些技术的应用，不仅可以减轻法律监督人员的工作负担，还可以提高法律监督的整体效能。

3. 强化法律监督的公信力和权威性

法律监督的公信力和权威性是衡量其有效性的重要标志。传统法律监督方法在某些情况下可能存在不透明、不公正等问题，导致公众对法律监督的信任度降低。创新法律监督方法，通过引入公开、透明的监督机制，可以增强公众对法律监督的信任。建立在线监督平台，让公众实时了解法律监督的进展和结果；引入第三方评估机构，对法律监督的效果进行客观评价。这些措施不仅可以提高法律监督的公信力，还可以增强其权威性。当公众对法律监督的信任度提高时，他们也就更愿意遵守法律规范，从而营造良好的法治氛围。

（三）创新法律监督方法的目标与预期效果

1. 提高法律监督的效率和准确性

创新法律监督方法的首要目标是通过引入现代化科技手段和先进的管理理念，显著提高法律监督的效率和准确性。传统的法律监督方法往往效率低下，难以满足现代社会快速发展的需求。因此，需要借助大数据、云计算、人工智能等先进技术，对海量的法律数据进行高效处理和分析，及时发现并纠正违法行为，确保法律的正确实施。通过创新法律监督方法，期待能够实现对法律执行情况的实时监控和预警，及时发现并处理违法行为，防止其对社会造成更大的危害。同时，借助先进的技术手段，可以更加准确地判断法律案件的性质和严重程度，为后续的法律程序提供更为可靠的依据。这不仅有助于提高法律监督的效率和准确性，还能在一定程度上减少人为因素的干扰，确保法律的公正实施。

2. 增强法律监督的透明度和公信力

传统的法律监督方法往往缺乏透明度，导致公众对法律监督的信任度不高。因此，需要通过创新方法，使法律监督过程和结果更加公开透明，接受社会公众的监督。通过创新法律监督方法，建立一个公开透明的法律监督体系。这将使公众更加清楚地了解法律监督的流程和结果，增强对法律监督的信任感。同时，透明的法律监督体系也有助于防止权力滥用和腐败现象的发生，提升全社会的法治水平。

3. 促进法律体系的完善和发展

创新法律监督方法的第三个目标是促进法律体系的完善和发展。作为法律体系的重要组成部分，法律监督方法的创新不仅关系到法律监督自身的效能，更对整个法律体系的完善和发展具有重要意义。通过创新法律监督方法，可以更加全面地了解和掌握法律实施的情况和问题，及时发现并纠正法律体系中的漏洞和不足。这有助于推动法律体系的不断完善和发展，更好地适应社会变化和需求。同时，创新法律监督方法还可以为其他法律领域的改革和创新提供有益的参考和借鉴，推动整个法律体系的协同发展和进步。

二、法律监督的有效途径探索

（一）强化信息化监督手段

1. 实时监控法律执行

随着科技的进步，电子监察系统在法律监督中扮演着越来越重要的角色。这一系统通过高度集成的信息技术手段，对法律执行过程进行全方位的实时监控。具体来说，电子监察系统能够实时采集法律执行过程中的各种数据，包括案件处理进度、法律文书的签发情况、相关人员的操作记录等。这些数据经过系统的智能分析和比对，能够迅速识别出异常情况，如程序违规、超时办案等问题，从而及时进行纠正和处理。除了实时监控，电子监察系统还可以利用大数据技术对历史数据进行深度挖掘和分析。通过对大量历史案件数据的比对分析，系统能够发现法律执行过程中的常见问题和隐患，为监督部门提供预警和决策支持。这种基于数据的监督方式，不仅提高了监督的精准度和效率，还为后续的法律改革和完善提供了有力的数据支撑。

2. 实现跨信息共享与协作

在传统的法律监督模式下，各部门、各地区之间的信息壁垒是阻碍监督工作有效开展的重要因素。而信息化监督手段的应用，为打破这一壁垒提供了可能。通过建立统一的信息平台，各部门、各地区之间可以实时交换数据和信息，实现信息共享和协作。这种信息共享和协作带来的好处是显而易见的。一方面，它提高了监督工作的效率和效果。各部门、各地区之间可以迅速了解和掌握彼此的工作情况，及时发现并共同解决问题。另一方面，它有效避免了监督工作中的重复和遗漏。通过信息的实时更新和共享，各部门可以更加明确各自的监督职责和任务，避免因信息不畅导致的重复劳动和遗漏问题。

3. 增强法律监督的透明度

信息化监督手段的另一重要作用是提升公众参与度，增强法律监督的透明度。通过互联网等渠道，公众可以更加便捷地了解法律监督的情况，提出自己的意见和建议。这不仅有助于保障公众的知情权和参与权，还能增强公众对法律监督工作的信任和支持。信息化监督手段为公众提供了多种参与法律监督的途径。例如，公众可以通过政府官方网站或移动应用程序了解法律案件的最新进展和处理结果；可以通过在线举报系统反映违法违规行为；可以通过社交媒体等平台发表对法律监督工作的看法和建议。这些途径不仅方便了公众的参与和监督，还提高了法律监督工作的透明度和公信力。

（二）加强社会化监督力量

1. 鼓励和引导公众参与法律监督

公众参与是社会化监督的基石。为了激发公众参与法律监督的积极性和主动性，可以建立举报奖励机制，对提供有价值线索的公众给予适当的奖励。这种奖励不仅是对公众参与的认可，更是一种激励，能够促使更多人积极参与法律监督。同时，还需完善公众参与渠道，确保公众的声音能够得到有效传递和采纳。这包括建立便捷的在线举报平台、定期举办公众听证会等，让公众有更多机会参与法律监督过程。此外，加强公众法治教育也是提升社会化监督力量的关键。通过普及法律知识、举办法治宣传活动等方式，可以增强公众的法治意识和监督能力。当公众对法律体系有了更深入的了解后，他们就能更有效地参与法律监督，为提升法律执行的公正性和透明度贡献力量。

2. 发挥媒体的监督作用

媒体作为社会舆论的重要引导者，在社会化监督中扮演着关键角色。媒体可以通过报道和评论等方式，对法律执行情况进行监督和批评。为了充分发挥媒体的作用，需要保障媒体的采访权和报道权，确保他们能够自由获取信息并进行报道。同时，加强媒体自身的职业素养和道德规范建设也至关重要。只有恪守职业道德、秉持客观公正态度的媒体，才能赢得公众的信任，进而在法律监督中发挥更大的作用。通过媒体的报道和评论，我们可以及时了解法律执行的最新动态和存在的问题。媒体的舆论监督不仅能够促使相关部门及时纠正错误、改进工作，还能为公众提供更多元化、更全面的信息来源，有助于公众形成正确的法治观念。

3. 利用社会组织和专业机构进行法律监督

社会组织和专业机构拥有丰富的专业知识和实践经验，他们在法律监督中能够提供有力的支持和帮助。通过与这些组织和机构的合作与交流，我们可以更深入地了解法律执行的情况和问题。他们可以从专业的角度提出有针对性的监督意见和建议，为提升法律执行的效率和公正性提供有益的参考。为了充分利用社会组织和专业机构的力量进行法律监督，我们可以建立长期稳定的合作关系，定期举办交流会、研讨会等活动，促进信息共享和经验交流。

（三）完善内部监督机制

1. 建立健全内部管理制度和流程规范

建立健全内部管理制度是完善内部监督机制的基础。这包括明确各部门和工作人员的职责与权限，确保每个部门和工作人员都在自己的职责范围内开展工作，避免出现权责不清、推诿扯皮的现象。同时，需要制定科学合理的考核评价机制，对法律执行工作进行全面、客观的评估，以激励先进、鞭策后进。在流程规范方面，应制定详细的工作流程和操作指南，确保法律执行工作的每个环节都有明确的操作标准和要求。这样不仅可以提高工作效率，还能减少人为错误和滥用权力的可能性。通过制度化和规范化的管理，可以确保法律执行机构的内部运转有序、高效。

2. 加强内部审计和监察工作

加强内部审计和监察工作是提升组织治理水平和风险防范能力的重要举措。内部审计作为一种独立的、客观的咨询和鉴证活动，旨在增加组织的价值并改善组织的运营。同时，监察工作则是对组织内部各项规章制度执行情况的监督检查，确保其得到有效执行。监察工作的重点在于发现和预防组织内部的违规行为和不当操作，通过加强监察力度，可以提升组织的合规意识和风险防范意识，减少违法违规行为的发生。因此，加强内部审计和监察工作对于组织的稳健运营和持续发展至关重要。通过不断完善内部审计和监察机制，提高审计和监察人员的专业素质和技能水平，组织可以更好地识别和管理风险，确保各项工作的规范性和合法性，从而为组织的长远发展奠定坚实基础。这不仅有助于提升组织的整体运营效率，还能有效保护组织的声誉和利益，为组织的可持续发展提供有力保障。

3. 加强内部人员培训和教育

工作人员是内部监督机制的核心要素。加强内部人员培训和教育，提高内部人员的职业素养和道德水平，是完善内部监督机制的重要环节。通过定期组织法律、职业道德、业务技能等方面的培训和教育活动，可以帮助相关人员更好地理解和执行法律政策，增强职业操守和自律意识。在培训和教育过程中，还应注重实践操作的训练，提高相关人员处理实际问题的能力。同时，建立激励机制和约束机制相结合的方式，对表现优秀的相关人员给予奖励和晋升机会，对违反规定的相关人员进行严肃处理，以此激发相关人员的积极性和创造力，确保法律执行工作的公正性和廉洁性。

三、创新法律监督方法的具体实施策略

(一) 运用科技手段提升法律监督效能

1. 实时监控法律执行数据

大数据分析系统的建立，是提升法律监督效能的关键一步。这一系统能够全面收集、整合法律执行过程中产生的各类数据，包括案件处理进度、判决结果、执行情况等。通过对这些数据进行实时监控和深度挖掘，可以洞察到隐藏在数据背后的规律与趋势，及时发现异常情况。此外，大数据分析系统还可以用于评估法律执行的效果。通过对历史数据的回溯分析，我们可以了解法律条款在实际执行中存在的问题，以及哪些地区或领域的法律执行力度需要加强。这些分析结果可以为政策制定者提供宝贵的参考，有助于他们调整和完善相关法律制度。

2. 利用人工智能技术实现智能监控和预警

人工智能技术在法律监督中的应用，为提升监督效能带来了新的突破。通过建立专门的法律风险识别模型，可以实现对法律执行过程的自动监控。这些模型能够自动识别和分析法律文书中的关键信息，如当事人、案件类型、判决结果等，从而判断出可能存在的法律风险点。当模型检测到潜在的法律风险时会自动发出预警信号，提醒监督部门及时介入处理。这种智能监控和预警机制大幅提高了法律监督的及时性和准确性，避免了人为监督可能存在的疏漏和延误。同时，人工智能技术还可以用于辅助法律文书的审核工作。通过自然语言处理和机器学习技术，我们可以自动检测出文书中的错误和不规范之处，提高法律文书的准确性和规范性。这不仅有助于提升法律监督的效能，还能增强整个法律体系的公信力和权威性。

3. 探索区块链技术在法律监督中的应用价值

区块链技术以其去中心化、不可篡改的特性，为法律监督提供了新的思路和方法。在法律执行过程中引入区块链技术，可以确保数据的真实性和可信度。每一笔交易、每一项法律执行记录都可以永久地记录在区块链上，无

法被篡改或删除，为法律监督提供了坚实的数据基础。通过区块链技术，可以追溯到每一个法律执行环节的具体情况和责任人。一旦出现问题或争议，就可以迅速定位问题根源并采取相应措施。这种透明度极高的监督机制大大提高了法律执行的公正性和公信力。此外，区块链技术还可以用于构建智能合约系统，自动执行和监督法律协议的执行情况。通过智能合约，确保各方按照预定的条件和规则履行法律义务和责任，不仅提高了法律执行的效率，还降低了人为干预和操纵的可能性。

（二）强化公众参与，实现社会共治

1. 建立便捷的公众参与平台

为使公众能够更方便快捷地参与法律监督，可以借助现代信息技术，建立多种公众参与平台。例如，通过微信公众号、App 等移动应用平台，公众可以随时随地反映问题、提出建议。这些平台的建立，不仅降低了公众参与的门槛，还大大提高了法律监督的效率和覆盖范围。同时，需加强对这些平台的维护和管理，确保公众的举报和建议能够得到及时有效的处理。为此，我们可以设立专门的响应和处理机制，对公众的举报进行分类、审核和跟踪，确保每一个问题都能得到妥善解决。这样既能增强公众对法律监督的信心，也能进一步激发他们的参与热情。

2. 开展法治宣传活动

要让公众积极参与法律监督，需要增强法治和监督意识。可以定期开展法治宣传活动，通过宣传典型案例、普及法律知识等方式，引导公众了解法律的重要性和监督的必要性。这些活动可以采取多种形式，如法治讲座、法律咨询日、法律知识竞赛等，以吸引更多公众参与。在宣传过程中，还应注重培养公众的批判性思维和独立思考能力，让他们能够理性地看待法律问题，并提出建设性的意见和建议。这样不仅可以提升公众的法律素养，还能为法律监督提供更广泛和深入的社会支持。

3. 建立公众评价机制，提升法律监督质量

为进一步提升法律监督质量，可以引入公众评价机制。这一机制允许公

众对法律执行情况进行评价打分，为相关部门提供宝贵的反馈信息。通过这些评价，可以及时发现并改进工作中存在的问题，不断提高法律监督的效率和准确性。在实施公众评价机制时，需要确保评价的客观性和公正性。为此，可以采取匿名评价、多渠道收集意见等方式，以降低人为干扰和主观偏见的影响。同时，应对评价结果进行深入分析，找出问题根源，并采取有针对性的改进措施。这将有助于持续优化法律监督流程，提升公众对法律监督工作的满意度和信任度。

（三）加强跨部门协作与信息共享

1. 建立并优化跨部门协作机制

为加强跨部门之间的协作，需要构建完善的协作机制。这一机制应明确各部门的职责和权限，确保每个部门在各自的领域内发挥专长的同时，能与其他部门形成有效的联动。通过设立跨部门工作小组或委员会，加强沟通与协调，共同解决法律监督中遇到的问题。此外，还应建立定期的工作会议和紧急协调机制，以便及时分享信息、讨论问题并共同制定解决方案。这样不仅可以提高工作效率，还能确保各部门在法律监督过程中保持高度的一致性和协同性。

2. 推进信息化建设以实现信息共享

信息化是实现跨部门协作与信息共享的关键。我们应大力推进信息化建设，构建一个统一、高效的信息平台。通过这个平台，各部门可以实时交换数据和信息，确保信息的准确性和时效性。同时，信息平台还可以提供数据分析、风险评估等功能，帮助各部门更好地了解法律监督的整体情况，为决策提供有力支持。在信息化建设过程中，我们还应注重数据安全和隐私保护。通过建立严格的数据访问权限和加密措施，可以确保信息的安全性和完整性，避免信息泄露和滥用。

3. 加强国际合作与交流以借鉴先进经验

在全球化的背景下，加强与国际社会的合作与交流对于提升我国法律监督水平具有重要意义。我们可以与其他国家和地区建立合作关系，共同开展法律监督领域的研究与实践。通过分享经验、交流技术，可以及时了解国际上的最新动态和先进做法，不断完善和创新我国的法律监督方法。应积极参与国际法律监督组织的活动，为推动全球法律监督体系的完善和发展贡献中国智慧和中国方案。这不仅可以提升我国在国际舞台上的影响力和话语权，还能为构建人类命运共同体作出积极贡献。在实施跨部门协作与信息共享策略的过程中，我们必须始终坚持法治原则，确保所有的监督活动都在法律的框架内进行。同时，还应注重保护公民的合法权益，避免在监督过程中对公民权利造成不必要的侵犯。通过不断总结经验教训，我们可以持续改进和创新法律监督方法以适应社会发展的需要。

第三节　创新监督方法的实践应用与效果评估

一、创新法律监督的实践应用

（一）大数据与人工智能在法律监督中的应用

大数据分析可以对海量的法律数据进行深度挖掘和关联分析，从而发现隐藏在数据背后的规律和趋势，为法律监督提供更为科学、精准的依据。同时，人工智能技术也在法律监督中发挥着重要作用。借助机器学习等先进技术，人工智能可以快速处理和分析大量的法律文书和案例，为法律监督提供更加及时、准确的信息支持。此外，人工智能还能辅助法律专家在复杂的法律环境中作出更为精准的决策，从而提高法律监督的效率和公正性。大数据分析与人工智能技术的结合，使法律监督更加科学且具有针对性。这种技术融合不仅增强了法律监督的透明度，也为预防和打击违法行为提供了新的手段。在未来，随着技术的不断进步，大数据分析和人工智能将在法律监督中发挥更加关键的作用，为维护社会的公平与正义提供强有力的技术支持。

（二）社会公众参与法律监督的新模式

传统法律监督主要依赖于政府机构和司法机关，而社会公众的参与相对较少。然而，随着社交媒体和互联网的普及，社会公众对法律监督的参与度和影响力逐渐增强。因此，创新法律监督的实践应用需探索社会公众参与的新模式。一方面，可以通过建立线上线下举报平台，鼓励社会公众积极提供违法违规线索，拓宽法律监督的信息来源。另一方面，可以利用社交媒体等渠道，加强与社会公众的互动和交流，及时了解社情民意，增强法律监督的针对性和实效性。此外，还可以通过开展法治宣传教育活动，提高社会公众的法律意识和监督能力，营造全社会共同参与法律监督的良好氛围。

（三）跨部门协同与法律监督的深度融合

在传统法律监督模式中，各部门之间往往存在信息壁垒和沟通障碍，导致监督效率低下和资源浪费。为解决这一问题，创新法律监督的实践应用需要推动跨部门的协同合作和信息共享。通过建立跨部门的信息共享平台和协作机制，可以实现各监督部门之间的数据互通和资源共享。这样不仅可以提高监督信息的透明度和可追溯性，还可以加强各个部门之间的沟通和协调，形成合力共同打击违法违规行为。同时，跨部门协同还可以促进法律监督与行政管理、司法审判等环节的深度融合，构建全链条、全方位的法律监督体系。

二、法律监督创新方法的效果评估

（一）效率提升与成本降低

创新法律监督方法的首要目标是提升监督效率。在传统法律监督模式下，人力投入较大，且处理速度和准确性受到一定限制。而引入大数据、人工智能等先进技术后，法律监督的自动化和智能化水平显著提升。例如，通过大数据分析可以迅速筛选出关键信息，减少人工审查的时间和精力；人工智能的应用则可以实现文书的自动审核和案件的智能分类，大大提高了工作效率。同时，效率的提升也带来了成本的降低。在传统监督模式下，需要投入大量的人力资源进行案件的审查和处理，随着技术的引入，部分工作可以由机器自动完成，从而减少了人力成本。此外，由于技术提升了工作效率，缩短了案件处理周期，因此进一步降低了时间成本和机会成本。

（二）准确性增强与误判减少

创新法律监督方法的另一个显著效果是提升了监督的准确性，减少了误判。在传统监督模式下，由于人力审查的局限性，难免会出现疏漏和误判。而大数据和人工智能等技术的引入，使得数据的处理和分析更为精准和全面。通过大数据分析，可以对案件进行多维度的关联分析，发现隐藏在数据背后的规律和异常，从而提高对案件的洞察力和判断力。同时，人工智能的应用也可以减少人为因素的干扰，提高判断的客观性和准确性。这些技术的应用，不仅提升了法律监督的准确性，也增强了公众对法律监督的信任度和满意度。

（三）社会影响力与公信力提升

创新法律监督方法的实践应用，还带来了社会影响力和公信力的提升。首先，通过创新方法的运用，成功地打击了一系列违法违规行为，维护了社会的公平正义，赢得了公众的广泛认可和赞誉。这不仅提升了法律监督机关的社会形象，也增强了其社会影响力。其次，创新方法的运用提高了法律监督的透明度。通过公开透明的监督过程，让公众更加了解和支持法律监督工作，进一步增强了法律监督的公信力。同时，通过与公众的互动和交流，也提升了公众的法律意识和参与度，形成了全社会共同参与法律监督的良好氛围。此外，创新法律监督方法的成功实践也为其他领域提供了可借鉴的经验。通过推广和应用这些创新方法，可以推动整个社会的法治化进程，提升国家的治理能力和治理水平。

三、法律监督持续改进的路径与前景

（一）加强科技创新与应用

1. 深化大数据在法律监督中的应用

大数据技术的迅猛发展，为法律监督带来了革命性的变革。大数据能够对海量信息进行高效处理和分析，从而为法律监督提供更加科学、精准的依据。在法律监督领域，大数据技术的应用可以实现对各类法律数据的全面收集、整合和分析，进而揭示数据背后的规律和趋势。例如，在反腐败领域，大数据分析可以帮助监察机关迅速识别出官员的异常行为，及时发现腐败线索，极大地提高了反腐败的效率和准确性。此外，通过大数据分析，还可以对法律实施的效果进行评估，为法律政策的制定和调整提供有力支持。为了进一步深化大数据在法律监督中的应用，我们需要不断完善数据采集、存储、处理和分析的技术手段，提高数据的质量和可用性。同时，还应加强数据安全保护，确保大数据在合法、合规的前提下得到有效利用。

2. 推进人工智能在法律监督中的深度融合

人工智能技术的兴起为法律监督带来了新的机遇。通过自然语言处理、机器学习等技术手段，人工智能可以协助法律监督机关对法律文书进行自动审查和分析，快速识别出可能存在的问题和疑点。这不仅大幅提高了法律监督的效率和准确性，还减轻了工作人员的负担。同时，人工智能还可以模拟人类专家的判断逻辑，对复杂案件进行智能推理和辅助决策。通过构建完善的法律知识和案例库，人工智能系统能够为法律监督提供更加精准、高效的支持。为了推进人工智能在法律监督中的深度融合，我们需要加大对人工智能技术的研发和应用力度，不断提高其智能化水平和应用能力。同时，还应加强对人工智能系统的监管和评估，确保其在法律监督中发挥积极作用。

3. 探索新技术、新方法在法律监督中的创新应用

除了大数据和人工智能，还有许多新技术、新方法有待在法律监督中进行探索和应用。例如，区块链技术以其不可篡改的特性，为法律监督提供了新的可能性。利用区块链技术，可以确保法律数据的真实性和可信度，从而为法律监督提供更加坚实的基础。此外，量子计算等前沿技术也有望为法律监督带来突破性进展。量子计算的强大计算能力可以处理海量数据，挖掘更多潜在信息，为法律监督提供更为深入、全面的支持。为了探索新技术、新方法在法律监督中的创新应用，需要保持开放的态度和创新的思维，密切关注科技发展的最新动态，及时将新技术、新方法引入法律监督领域。同时，还应加强跨学科、跨领域的合作与交流，共同推动法律监督技术的创新与发展。

（二）推动制度创新与完善

1. 完善现有的法律制度体系

完善现有的法律制度体系是推动制度创新的首要任务。随着社会的快速发展，新的法律问题和社会现象不断涌现，这就要求我们及时对相关法律法规进行修订和完善，以确保法律监督有法可依、有章可循。在完善法律制度体系的过程中，应注重以下几个方面：一是要加强对新兴领域和新型犯罪的研究，及时制定相应的法律法规，以填补制度漏洞；二是要关注民生热点和难点问题，通过立法解决群众最关心、最直接、最现实的实际利益问题；三是要注重法律法规的协调性和一致性，避免出现法律冲突和矛盾。同时，还应加强对法律制度实施情况的监督和评估，及时发现问题并进行改进。通过建立完善的法律制度体系，我们可以为法律监督提供更加坚实有力的制度保障。

2. 探索建立更加灵活高效的法律监督机制

传统的法律监督机制往往存在程序烦琐、效率低下等问题，难以满足新时代法律监督的需求。因此，需要探索建立更加灵活高效的法律监督机制，以提高监督的效能和公信力。这样可以避免各部门之间各自为政、推诿扯皮的现象，提高监督的整体效能。通过引入第三方评估机构和社会力量参与法律监督，能够提高监督的公正性和透明度。第三方评估机构具有中立性、专业性和客观性等特点，可以为法律监督提供更加科学、客观的评价依据。同时，社会力量的参与也可以增强法律监督的公信力和影响力，推动形成全社会共同参与、齐抓共管的法律监督格局。

3. 加强法律监督队伍建设

法律监督人员是法律监督工作的主体力量，素质和能力直接影响着法律监督的效能和公信力。因此，我们应加强对法律监督人员的培训和教育，提高他们的专业素养和职业道德水平。一方面，要建立完善的培训机制，定期组织法律监督人员进行专业技能培训和职业道德教育，提高他们的业务水平和职业操守。另一方面，我们还要建立完善的考核机制和激励机制，对表现优秀的法律监督人员给予表彰和奖励，激发他们的工作热情和创新精神。同时，应注重引进和培养高素质的法律监督人才，优化队伍结构，提高队伍的整体素质。通过加强法律监督队伍建设，我们可以为法律监督提供更加坚实有力的人才保障。

（三）强化社会参与协同治理

1. 鼓励多元主体参与法律监督

社会公众的有效参与是法律监督体系健康运行的基石。公众作为社会的基本构成单元，他们的眼睛和耳朵是法律监督最广泛的"感应器"。通过教育和宣传，增强公众的法治意识和监督意识，使其明白自身在法律监督中的责任与角色，这是非常关键的。当公众发现违法违规行为时，能够有渠道、有勇气进行举报，这是法律监督社会化的重要体现。媒体在现代社会中扮演着信息传播和舆论监督的重要角色。媒体的报道能够迅速将法律监督的问题传达给广大公众，形成社会舆论，从而对违法者形成压力，促使其改正行为。

2. 建立便捷的举报渠道和反馈机制

为了让公众能够及时发现并反映违法违规行为，建立便捷的举报渠道至关重要。这包括电话举报、网络举报、文字信件举报等多种形式。举报渠道应该保持 24 小时畅通，确保公众在任何时间发现违法违规行为都能及时举报。同时，对于举报人的信息要严格保密，防止其受到报复或威胁。除了举报渠道，反馈机制的建立同样重要。公众举报后，相关部门应及时回应，告知举报人处理进度和结果。这种反馈不仅能够增强公众对法律监督体系的信任，还能激发更多人参与法律监督。

3. 加强与政府、企业等社会各方面的协同治理

政府在法律监督中扮演着核心角色。政府应积极推动政务公开和数据共享，让公众了解政府的工作流程和决策依据，增加政府的透明度。同时，政府还应加强与公众、媒体、非政府组织的沟通与合作，共同推动法律监督的

完善。企业在法律监督中有着不可推卸的责任。企业应加强自律机制建设，严格遵守法律法规，主动接受社会监督。对于违法违规行为，企业应勇于承担责任，及时整改并公开道歉。在未来的发展中，随着社会治理体系的不断完善和公民法治意识的提高，社会参与法律监督的广度和深度将进一步拓展。政府、企业、公众、媒体和非政府组织等多元主体将形成更加紧密的合作关系，共同推动法律监督体系的完善和发展。这种全社会共同参与、齐抓共管的法律监督格局将为法治社会的全面建设提供有力支持。

第六章 科技手段在法律监督中的应用

第一节 大数据与人工智能在法律监督中的作用

一、大数据在法律监督中的应用及影响

（一）大数据助力法律监督的信息收集与整合

1. 大数据技术提升信息收集效率

在传统的法律监督模式中，信息的收集通常依赖于调查人员的手工操作，如查阅文件、实地调查等。这种方式不仅耗时耗力，而且难以保证信息的全面性和时效性。然而，大数据技术的应用彻底改变了这一状况。大数据技术能够自动地从海量数据源中抓取、整合信息，极大地提高了信息收集的效率。大数据技术可以通过网络爬虫等技术手段，自动从政府部门、企业、社会组织以及个人的公开信息中抓取相关数据。这些数据包括政府公告、企业年报、新闻报道、社交媒体帖子等。通过大数据技术，这些原本分散、无序的数据得以被快速、准确地收集并整合，为法律监督提供了丰富的信息来源。

2. 大数据技术提高信息整合准确性

大数据技术还在信息整合的准确性方面发挥了重要作用。在传统的法律监督模式中，由于信息来源多样、格式不一，整合过程中很容易出现遗漏或

错误。而大数据技术凭借强大的数据处理和分析能力，能够准确识别和整合不同来源的信息。大数据技术可以对抓取到的原始数据进行清洗、去重、格式转换等预处理操作，确保数据的准确性和一致性。此外，大数据技术还可以利用自然语言处理（NLP）等技术对文本数据进行语义分析和情感分析，从而更深入地理解数据的含义和背后的情感倾向。这些功能使得大数据技术在信息整合过程中能够发现传统方法难以察觉的关联和规律，进一步提高信息整合的准确性。

3. 大数据技术在反腐败领域的应用实例

大数据技术在法律监督领域的应用已取得显著成效，尤其是在反腐败领域。通过大数据分析，可以迅速发现官员的异常行为，为反腐败斗争提供有力的线索和证据。例如，在某些地区，政府部门建立了大数据反腐平台，通过整合政府内部数据、公共数据以及企业数据等多方资源，运用大数据分析技术对官员的财产申报、消费行为等进行实时监测和比对。一旦发现异常行为，如财产申报不实、消费水平与收入不符等，平台就会自动发出预警并提供相关证据。这种方式不仅提高了反腐败的效率和准确性，还极大增强了反腐败工作的透明度和公信力。此外，大数据技术还可以用于分析官员的社交网络关系，发现潜在的腐败团伙和利益输送链条。通过对官员的通信记录、行程安排等数据进行深入挖掘和分析，可以发现官员之间的不正当关联和利益输送行为，为反腐败工作提供新的突破口和线索来源。

（二）大数据分析提升法律监督的决策水平

1. 大数据分析深入揭示数据关联与规律

在法律监督领域，大数据分析技术展现出强大的数据处理和分析能力。它不仅能够完成对数据的基础统计和描述性分析，更能通过复杂的数学模型和算法，挖掘出隐藏在海量数据背后的深层次规律和趋势。这种分析方法的运用，极大地丰富了我们对法律监督领域内在规律的认识。例如，在案件调查中，大数据分析可以帮助识别不同案件之间的关联性，发现潜在的犯罪网络和团伙。通过对涉案人员、作案手法、犯罪地点等多维度数据的综合分析，能够更加清晰地描绘出犯罪活动的全貌，为后续的侦查和起诉工作提供有力支持。

2. 大数据分析助力精准判断违法行为

大数据分析技术在法律监督过程中的另一个重要作用是帮助监督机构更加准确地判断违法行为的性质和严重程度。通过对历史违法数据的深入分析，可以构建违法行为预测模型，以便及时发现并制止潜在的违法行为。以环境保护领域为例，大数据分析技术可以实时监测企业的排污数据，通过对比历史数据和行业标准，迅速识别异常排污行为。这种即时监测和预警机制使环保部门能够在第一时间采取相应的法律措施进行干预，有效保护生态环境。

3. 大数据分析为政策制定提供科学依据

大数据分析技术还为政策制定提供了科学依据。通过对历史数据的深入剖析，能够预测未来可能出现的问题和风险点，为政府制定更加精准、有效的法律政策提供参考。例如，在刑事政策制定方面，大数据分析可以帮助我们全面了解犯罪现象的特点和趋势，评估不同犯罪类型的危害程度及其社会影响。基于这些数据支持，政府可以更加科学地调整刑事政策的方向和重点，提高犯罪预防和打击的针对性和有效性。同时，大数据分析还可以用于评估法律实施的效果及其社会反响。通过对法律实施后产生的数据进行跟踪分析，我们能够及时发现法律实施中存在的问题和不足，为政府调整和完善法律政策提供有力支持。

（三）大数据推动法律监督模式的创新与发展

1. 大数据技术促使法律监督由被动变为主动

在传统的法律监督模式中，监督机构往往是在问题出现后才介入调查，这种被动的工作方式不仅效率低下，而且难以及时制止违法行为的发生。然而，随着大数据技术的引入，监督机构能够通过数据分析主动发现潜在问题和风险点，从而及时进行干预处理。大数据的预测功能在此发挥了关键作用。通过对历史数据的挖掘和分析，可以预见可能出现的违法行为，而使监督机构能够提前作出反应。这种主动出击的监督模式显著提高了法律监督的效率和威慑力。同时，这也对监督机构提出了更高要求，需要他们具备更强的数据分析和处理能力。

2. 大数据技术推动法律监督透明化和公开化

透明度是提升公信力的关键因素。在传统的法律监督模式中，由于信息处理能力的限制，很多数据和信息无法得到及时公开，导致公众对法律监督的过程和结果产生质疑。然而，大数据技术的应用使得监督机构能够将复杂的数据信息以直观、易懂的方式展现出来，便于公众理解和监督。数据可视化技术在此发挥了重要作用。通过将数据以图表、图像等形式展现出来，公众可以更加直观地了解法律监督的过程及成果。这不仅增强了公众对法律监督的信任和支持，还提高了法律监督的公信力和影响力。同时，这也对监督机构提出更高要求，即注重数据的公开和共享，以便更好地接受公众监督。

3. 大数据应用在法律监督中的挑战与应对

尽管大数据技术在法律监督中发挥了重要作用，但其应用也面临着若干挑战和问题。首先，数据安全问题是一个重要考虑因素。在整个数据收集、存储和处理过程中存在泄露、篡改等风险，因此需要建立完善的数据安全保障机制。其次，隐私保护问题也不容忽视。在收集和使用个人数据时，必须严格遵守相关法律法规，确保个人隐私不受侵犯。最后，数据分析结果的解释和使用问题也需要关注。鉴于数据分析本身的复杂性和不确定性，确保分析结果的准确性和可靠性至关重要。为了应对这些挑战和问题，需要采取相应的政策和措施。应建立完善的数据安全保障机制，包括加强数据加密、访问控制等技术手段的应用，确保数据的安全性；制定严格的隐私保护政策，规定数据收集、使用和共享的规则，保护个人隐私权益；提高数据分析的准确性和可靠性，通过引入更先进的算法和模型，提升数据分析的准确性和效率。

二、人工智能在法律监督中的实践与探索

（一）人工智能在法律文书审查中的应用

1. 智能识别与提取关键信息

在传统法律文书审查过程中，审查人员需要逐字逐句地阅读文书内容，

以识别和提取关键信息。这一过程不仅耗时费力，而且容易人为因素导致信息遗漏或误判。然而，通过引入人工智能技术，特别是自然语言处理和深度学习算法，法律文书审查的效率和准确性得到显著提升。AI 系统能够自动识别法律文书中的关键信息，如案件类型、涉案人员、违法事实、证据材料、法律条款等，并进行智能分类和归档。通过深度学习算法的训练，AI 可以准确理解法律文书的语义和上下文，从而更加精准地提取关键信息。这不仅大大减轻了审查人员的工作负担，让他们可以将更多精力投入复杂案件的分析和判断中，而且提高了审查的精准度和速度，为后续的案件审理提供了有力的信息支持。

2. 逻辑错误与规范性问题检测

在法律文书中，逻辑严密性和规范性至关重要。一份存在逻辑错误或规范性欠缺的法律文书可能会导致案件审理的延误或误判，严重影响司法公正和效率。因此，在审查过程中及时发现并纠正这些问题显得尤为重要。人工智能在这方面也展现出强大的能力。通过自然语言处理和语法分析技术，AI 可以自动检测出法律文书中的逻辑错误，如前后矛盾、因果关系不成立等，并进行提示或自动修正。同时，AI 还能根据法律文书写作的规范和标准，检测文书的格式、用词、标点等方面的规范性问题，确保法律文书符合专业要求和法律标准。

3. 相似案例推荐与参考

在法律文书审查过程中，审查人员经常需要参考类似案例以作出更准确的判断。然而，手动搜索和比对案例是一项烦琐且耗时的任务。AI 技术的应用为这一问题提供了有效的解决方案。通过构建大型案例数据库并利用深度学习算法进行训练，AI 能够根据当前审查的法律文书内容，智能推荐相似案例。这不仅为审查人员提供了有价值的参考依据，还有助于确保同类案件在法律适用上的一致性和公正性。同时，AI 还可以对推荐案例进行详细的分析和解读，帮助审查人员更加深入地理解案例的精髓和要义，从而提高审查的质量和效率。

（二）人工智能在案件侦查与取证中的辅助

1. 数据挖掘与线索分析

在案件侦查初期，侦查人员常常面临海量的数据信息和复杂的线索网络，如何高效地筛选出有价值的线索成为关键。此时，人工智能的数据挖掘技术便能发挥巨大作用。AI 系统可以对各种数据库、社交媒体、通信网络等进行深度挖掘，快速分析出与案件相关的关键信息。例如，在涉及经济犯罪或网络犯罪的案件中，AI 可以通过分析银行交易记录、电子邮件、聊天记录等数据，迅速锁定可疑账户或关键人物。此外，AI 还能根据历史案件数据和犯罪模式进行预测分析，为侦查人员提供可能的犯罪趋势和嫌疑人的行为模式，从而缩小侦查范围，提高侦查效率。

2. 智能语音识别与文字转换

在案件侦查与取证过程中，经常会遇到需要处理大量语音资料的情况，如电话录音、审讯记录等。这些语音资料中可能包含关键线索或证据，但传统的语音转文字方法效率低下且易出错。此时，人工智能的智能语音识别与文字转换技术便能发挥重要作用。AI 系统可以将语音资料快速准确地转换为文字，便于侦查人员阅读和分析。这不仅大大提高了语音资料的处理效率，还降低了人为转写过程中可能出现的误差。同时，AI 还可以对转换后的文字进行关键词提取和情感分析等操作，帮助侦查人员更深入地挖掘语音资料中的隐藏信息。

（三）人工智能在法律咨询与普法宣传中的创新

1. 智能法律咨询系统的构建与应用

传统的法律咨询往往受限于时间、地点和人力资源，而人工智能技术的引入则打破了这些限制。通过构建智能法律咨询系统，AI 实现了 24 小时不间断的在线服务，为用户提供了一个便捷、高效的法律咨询渠道。用户只需在系统中输入自己的法律问题或需求，AI 便能迅速分析、理解并给出相应的法律建议和解决方案。这种智能化的法律咨询方式，不仅为用户节省了寻找律师或法律机构的时间和成本，更使得法律服务得以普及化和平民化。此外，智能法律咨询系统还能根据用户的提问进行智能推荐，引导用户了解更多与自身问题相关的法律知识，从而提升用户的法律素养和自我保护能力。

2. 互动式普法宣传材料的创新制作

普法宣传是提高公众法律意识的重要途径。传统的普法宣传方式往往形式单一、内容枯燥，难以吸引公众的注意力。为此，人工智能技术在普法宣传方面展现出了独特的创新力。利用 AI 技术，可以制作互动式普法宣传材料，如智能语音讲解、虚拟现实（VR）体验等。这些新颖的宣传方式能够吸引更多公众的关注和参与，使他们在互动中了解法律知识、增强法律意识。通过智能语音讲解，公众可以在任何时间、任何地点接收到生动有趣的法律知识讲解；而通过 VR 技术，公众则可以身临其境地体验法律场景，从而更加深刻地理解法律的重要性和应用。此外，人工智能还可以根据用户的行为和反馈进行智能推荐和个性化定制，为用户提供更加精准、个性化的普法宣传内容。这种定制化的普法宣传方式不仅提高了宣传效果，还使得普法宣传更加贴近公众的实际需求和兴趣点。

3. 人工智能在法律服务普及化中的推动作用

人工智能技术的引入不仅提高了法律服务的效率和质量，还在推动法律服务的普及化方面发挥了积极作用。通过智能法律咨询系统和互动式普法宣传材料的应用，法律服务得以更加广泛地覆盖到社会的各个角落。这种普及化的法律服务不仅为公众提供了更加便捷、高效的法律支持，还有助于提升整个社会的法治意识和法律素养。当公众在日常生活中遇到法律问题时，他们可以通过智能法律咨询系统迅速找到解决方案；同时，通过参与互动式普法宣传活动，公众也可以更加深入地了解法律知识、增强法律意识。这种普及化的法律服务将有助于构建一个更加和谐、有序的社会环境。然而，尽管人工智能在法律咨询与普法宣传中的应用取得了显著成效，但我们仍需关注其潜在的风险和挑战。例如，数据安全、算法偏见等问题需要我们给予足够重视并采取相应的应对措施。同时，我们也需要不断探索并完善人工智能技术在法律领域的应用模式和方法，以更好地发挥其创新力和推动作用。

三、大数据与人工智能融合助力法律监督

(一) 数据整合与分析能力的提升

1. 大数据技术实现海量数据的高效整合

在传统的法律监督模式下，数据的搜集、整理工作繁重且琐碎，需要耗费大量的人力和时间。而且，由于数据来源多样、格式不一，整合过程中极易出现遗漏或错误，这直接影响后续的数据分析工作。大数据技术的引入，使得这一问题得到了有效解决。大数据技术能够快速搜集、存储和处理海量数据，包括案件记录、法律文书、相关证据等各类信息，通过高效的数据清洗和整合技术，将这些来源不同、格式各异的数据统一整合到一个平台上，形成一个全面、完整、结构化的数据集。这不仅极大地提高了数据整合的效率，而且确保了数据的准确性和完整性，为后续的数据分析工作奠定了坚实基础。

2. 深度挖掘数据背后的规律与趋势

数据的价值不仅仅在于其表面信息，更在于通过深度挖掘和分析，发现其隐藏在背后的规律、趋势和异常情况。在传统的法律监督中，这一点往往难以实现，因为受限于数据量和处理技术，只能对数据进行简单的统计和分析。然而，在大数据技术的支持下，我们可以利用更加复杂和精细的算法，对数据进行深度挖掘和分析。通过对历史案件数据进行分析，可以发现某一类型案件的犯罪趋势，预测未来可能发生的犯罪类型和地点，从而为法律监督机关提供其有针对性的监督建议。这种基于数据的预测和分析能力，使得法律监督工作更加科学、精准和高效。

3. 人工智能技术提升数据分析的智能化水平

大数据技术为法律监督提供了海量的数据资源和强大的处理能力，人工智能技术则进一步提升了数据分析的智能化水平。通过引入自然语言处理、机器学习等先进的人工智能算法，我们可以对大数据进行更加深入和精细的分析。例如，自然语言处理技术可以帮助我们自动提取法律文书中的关键信

息，减少人工阅读和整理的工作量；机器学习算法则可以帮助我们发现数据之间的复杂关联和规律，提高预测的准确性和效率。这些智能化技术的应用，使得数据分析工作更加高效、准确和智能，为法律监督工作带来了前所未有的便利和效益。

（二）智能化监控与预警系统的构建

1. 实时监控与数据采集

智能化监控与预警系统的首要功能是实现实时监控和数据采集。在传统的法律监督中，人工监控不仅效率低下，而且难以做到全天候、全方位的覆盖。而智能化监控与预警系统通过大数据技术的支持，能够实时搜集和分析与法律活动相关的数据。这些数据包括法律文书、案件进展、涉案人员的行为记录等。系统可以对这些数据进行全面地、不间断地监控，确保任何异常情况都能被及时发现。此外，该系统还可以利用大数据技术对数据进行预处理和清洗，去除冗余和错误信息，保证数据的准确性和有效性。这种实时监控和数据采集功能，为后续的数据分析和预警提供了坚实的基础。

2. 智能化数据分析与预警

在数据采集的基础上，智能化监控与预警系统进一步利用人工智能技术对数据进行深入分析和预警。系统通过机器学习、深度学习等算法，对历史数据进行训练和学习，从而建立一套智能化的预警模型。这套模型能够根据实时监控的数据，自动判断是否存在异常情况或违规行为。一旦发现异常情况，如法律文书的不规范填写、案件进展的异常延迟等，系统就会自动触发预警机制。预警信息会将其第一时间发送给相关的法律监督机关，提醒他们及时进行处理。这种智能化的预警机制，大大提高了法律监督的及时性和准确性，避免了人工监控可能出现的遗漏和延误。

3. 降低人工监控成本和误差

智能化监控与预警系统的另一个重要优势是降低人工监控的成本和误差。传统法律监督依赖大量的人力资源和时间投入，而智能化监控与预警系统通过自动化和实时监控及预警，极大地减少了人工干预的需要。这不仅降低了人力资源的消耗，还提高了监控的效率和准确性。同时，系统基于大数据和人工智能技术，在处理海量数据和复杂情况时表现出更高的精确度和稳定性，有效地减少了人为因素导致的误差和疏漏，提高了法律监督的整体质量。

(三) 智能化决策支持系统的开发

1. 利用大数据技术分析历史数据

智能化决策支持系统的首要功能是利用大数据技术对历史数据进行深入分析和挖掘。在传统的法律监督中，决策者往往只能依靠有限的数据和个人经验，这种方式不仅效率低下，而且容易受个人经验和知识水平的限制。智能化决策支持系统则通过大数据技术，对历史案件数据、法律文书、相关证据等进行全面搜集、存储和处理，形成一个庞大的数据库。通过对这些数据的深度挖掘和分析，系统可以发现隐藏在数据背后的趋势和规律，如某一类型案件的犯罪特点、犯罪高发区域等，为决策者提供更加科学、客观的决策依据。此外，大数据技术还可以对数据的关联性进行分析，帮助决策者发现不同数据之间的内在联系和规律。这种基于数据的决策方式，不仅可以提高决策的准确性和效率，还可以避免人为因素导致的决策失误。

2. 人工智能技术进行预测和模拟

在对历史数据进行分析和挖掘的基础上，智能化决策支持系统还利用人工智能技术进行预测和模拟。系统能够根据当前的数据情况，对未来的发展趋势进行预测和模拟，为决策者提供多种可能的决策方案和预测结果。这种基于人工智能的预测和模拟功能，使决策者能更清晰地预见未来的发展趋势和潜在风险点，从而作出更科学合理的决策。同时，系统还可以根据决策者的需求和偏好，提供个性化的决策建议，进一步提高决策的针对性和实效性。

3. 降低决策风险和成本

智能化决策支持系统的另一个重要作用是降低决策风险和成本。在传统法律监督中，决策者依赖有限的信息和个人经验，存在较大风险和不确定性。智能化决策支持系统则通过大数据和人工智能技术提供更全面、更准确的信息支持，帮助决策者更加客观地评估各种风险因素，作出更稳健的决策。同时，由于系统能够自动进行数据分析和预测，大幅减少决策者在数据处理和分析方面的工作量，提高工作效率。这不仅降低了人力资源的消耗，还减少了人为因素导致的错误和延误，有效降低了决策成本。

第二节　区块链技术在法律监督中的应用前景

一、区块链技术与刑事执行监督的结合

（一）实现减刑、假释、监外执行等活动的智能核查

1. 数据记录与存储的不可篡改性

区块链技术的核心特性之一是数据的不可篡改性。所有相关信息，如申请人的基本信息、申请时间、申请理由以及整个审批流程等，都被详细记录在区块链上。这些数据一旦上链就无法被轻易篡改，从而确保了数据的真实性和原始性。这种不可篡改的数据记录方式极大地增强了核查工作的可信度和准确性。传统的纸质记录或电子记录可能存在被篡改的风险，而区块链技术从根本上解决了这一问题。它使每一次数据变动都留下不可磨灭的痕迹，为后续核查提供了坚实的数据基础。

2. 智能核查系统的构建与应用

基于区块链技术不可篡改的特点，可以构建智能核查系统，以自动对减刑、假释、监外执行等活动的合法性进行核查。通过预设的规则和算法，系统能够迅速识别出数据中的异常和疑点，为人工核查提供有力的辅助。智能核查系统的应用不仅极大地提高了核查工作的效率，还降低了人为因素导致的错误和疏漏。在传统的核查方式中，工作人员可能会因疲劳、疏忽或其他原因出现失误。而智能核查系统则能够持续、稳定地进行核查工作，确保每个环节都经过严格审查。

3. 跨部门、跨地区的信息共享与协同工作

借助区块链平台，不同部门之间可以实现实时信息交换和共享。这不仅打破了信息孤岛，还确保了减刑、假释、监外执行等活动的公正性和透明度。任何部门都无法单方面地篡改或隐藏信息，所有操作都被记录在区块链上，可供其他部门查阅和核查。这种跨部门、跨地区的信息共享和协同工作，不仅加强了刑事执行监督的力度，还有效防止了权力滥用和腐败现象的发生。它使得每个环节都暴露在阳光之下，接受各方的监督和审查。

（二）执法人员在线提交申请信息及完成审核批准过程

1. 在线提交申请信息的便捷性

区块链技术为执法人员提供了一个在线平台，使他们能够随时随地提交减刑、假释、监外执行等相关申请信息。这一变化极大地提升了工作效率和便捷性。通过在线平台，执法人员不再需要面对面提交纸质材料，而是可以直接上传必要信息和数据到区块链网络中。此外，由于区块链的分布式特性，这些信息一旦上传就被永久保存，并且可以在网络中的任何节点进行验证。这不仅确保了数据的安全性和完整性，还消除了传统纸质信息材料申请过程中可能出现的丢失或损坏风险。

2. 申请信息的真实性和可信度

存储在区块链上的申请信息具有不可篡改性和高度安全性，极大增强了申请信息的真实性和可信度。在传统纸质信息材料申请流程中，信息可能被篡改或伪造，给审核批准过程带来极大的不确定性。然而，通过区块链技术，每次信息变动都会留下不可磨灭的记录，从而确保数据的原始性和真实性。这种高度的数据安全性不仅有助于提升审核批准过程的透明度，还能增强公众对刑事执行系统的信任。当公众能够验证和信任存储在区块链上的数据时，整个系统的公正性和权威性也就得到了提升。

3. 审核批准过程的自动化和智能化

区块链技术结合智能合约等手段，可以实现审核批准过程的自动化和智能化。通过预设规则和条件，智能合约能够自动验证申请信息的合法性和完

整性，从而简化人工审核的流程。这种自动化的审核批准系统不仅提高了工作效率，还降低了人为因素导致的错误和延误。在传统的审核批准过程中，人为疏忽或错误可能导致申请的延误或拒绝。而通过区块链技术和智能合约，这些问题得到有效解决。此外，自动化的审核批准系统还能提供实时反馈和状态更新，使执法人员能够随时了解申请进度和结果。这种透明度和即时性反馈机制进一步提升了整个刑事执行系统的效率和公信力。

（三）加强对刑事执行活动的实时监督和预警

1. 实时监督的实现

区块链技术的核心机制是分布式账本，它能够实时记录并存储刑事执行活动的所有相关信息和数据，包括执行时间、地点、涉及人员等关键细节。由于区块链的不可篡改性，这些数据一旦记录便无法被更改或删除，从而确保信息的真实性和可靠性。基于这些数据，可以构建一个实时监督系统，对刑事执行活动的每一个环节进行严密监控。无论是减刑、假释还是监外执行，任何变动都会在区块链上留下痕迹，使任何违规操作都无所遁形。这种透明度和可追溯性极大地提高了监督的效率和效力。

2. 预警机制的构建

区块链技术还可以助力构建高效的预警机制。通过智能合约等技术手段，可以设定特定的规则和条件。当刑事执行活动中出现违规或异常行为时，系统会自动触发预警。例如，某个减刑申请在未经正常审核程序的情况下被批准，系统就会立即发出警报，提醒相关部门及时介入调查。这种预警机制的建立，不仅提高了对违规行为的反应速度，还有效地遏制了潜在的风险。它使监督部门能够在第一时间发现并处理问题，从而保障刑事执行活动的合法性和规范性。

3. 跨部门、跨地区的协同监督

通过区块链平台，各部门可以实时交换数据和信息，共同对刑事执行活动进行监督。这种跨部门、跨地区的合作不仅打破了信息孤岛，还加强了监督的广度和深度。例如，当某个地区的监督部门发现疑似违规行为时，可以

迅速将相关信息共享到区块链平台上，其他地区或部门的监督人员可以立即查看这些信息，并根据需要进行进一步的调查和处理。这种高效的协同机制大大提高了监督的效率和效果。

二、区块链技术在法律保护和监管中的应用

（一）智能合约在法律执行中的应用

智能合约是区块链技术的一大创新，它允许在没有第三方干预的情况下自动执行合约条款。在法律保护和监管领域，智能合约可以显著提高合约执行的效率和准确性。传统的法律合约执行往往依赖于法院或其他法律机构的介入，这不仅耗时费力，而且成本高昂。通过智能合约，一旦满足预定条件，合约条款就会自动执行，无须人为干预，从而避免了执行过程中的延误和纠纷。例如，在知识产权保护领域，智能合约可以用于自动处理版权许可和费用支付。当作品被使用时，智能合约可以自动记录使用情况，并根据预设条件自动完成费用结算和支付。这不仅简化了版权管理流程，还提高了版权保护的效率和效果。

（二）数据存证与防伪在法律取证中的应用

区块链技术的不可篡改性使其成为数据存证和防伪的理想选择。在法律取证过程中，证据的真实性和完整性至关重要。通过区块链技术，可以将关键证据以数据形式存储在区块链上，确保其不被篡改或伪造。这不仅提高了证据的可信度，还为法律机构提供了更为便捷和高效的取证手段。例如，在电子商务纠纷中，交易记录、聊天记录等关键信息可以通过区块链技术进行存证。一旦发生纠纷，这些存储在区块链上的数据就可以作为有力的证据，帮助法律机构快速、准确地做出裁决。此外，区块链技术还可以用于打击假冒伪劣产品。通过为产品建立数字身份并存储在区块链上，消费者可以追溯到产品的来源和流向，从而确保购买到正品。

（三）身份认证与隐私保护在法律监管中的应用

在法律监管领域，身份认证和隐私保护是两个核心问题。区块链技术通过去中心化的身份认证机制，可以为个人和企业提供更为安全和便捷的身份验证方式。同时，区块链的加密技术也可以有效保护个人隐私不被泄露。例如，在金融服务领域，区块链技术可以用于实现去中心化的身份验证系统（DID）。用户可以通过 DID 自主管理自己的身份信息，并授权给需要验证的机构进行验证。这不仅简化了身份验证的流程，还提高了身份验证的安全性和隐私保护能力。此外，在法律监管过程中，监管机构可以通过区块链技术追踪和监控可疑交易或行为，而无须侵犯个人隐私。

三、区块链技术与检察机关的公信力提升

（一）增强案件信息的透明度和可信度

1. 区块链技术确保案件信息的真实性和完整性

区块链技术通过其独特的去中心化、分布式账本特性，为案件信息提供了一个安全、可靠的存储环境。在区块链上，每一条信息都被数字签名和时间戳所保护，确保了其真实性和完整性。这意味着一旦案件信息被记录在区块链上，就无法被篡改或删除。这种特性使得区块链成为检察机关存储案件信息的理想选择。通过区块链技术，检察机关可以确保案件信息的原始性和真实性，避免了传统方式下信息可能被人为篡改的风险。这不仅有助于检察机关在办案过程中保持客观公正，还能在必要时为公众提供确凿的证据，证明检察机关的工作是公正、公开、透明的。

2. 智能合约实现案件信息的自动化验证和更新

区块链技术还可以通过智能合约实现案件信息的自动化验证和更新。在检察机关的案件中，智能合约可以用于自动化验证案件信息的有效性，并在必要时自动更新信息。这种自动化验证和更新的方式不仅大大提高了检察机关的工作效率，还减少了人为干预的可能性，从而进一步确保了案件信息的

可信度。例如，在案件调查过程中，当新的证据被收集并提交到区块链上时，智能合约可以自动验证这些证据的有效性，并在验证通过后自动更新案件信息。这种自动化的处理方式避免了人为操作可能出现的错误和延误，确保了案件处理的准确性和及时性。

3. 区块链平台实现案件信息的公开和共享

区块链技术的另一个重要应用是实现案件信息的公开和共享。通过搭建基于区块链的案件信息平台，检察机关可以将案件信息实时上链，并允许公众通过特定的接口查询和验证这些信息。这种方式不仅增强了检察机关工作的透明度，还有助于消除公众对检察机关工作的疑虑和误解。通过区块链平台公开案件信息，可以让公众更加直观地了解案件的进展和处理结果，从而增强对检察机关的信任度。同时，这种公开透明的做法有助于检察机关自我监督和改进工作，提高办案质量和效率。此外，区块链技术的分布式特性还使得案件信息可以在多个节点之间进行共享和同步更新。这意味着不同部门、不同地区甚至不同国家之间的检察机关都可以实时共享案件信息，加强协作和沟通，共同打击犯罪行为。这种跨地域、跨部门的合作方式无疑将大幅提升检察机关的办案效率和准确性。

（二）提升证据收集、保存和呈现的可信度

1. 区块链技术确保证据的真实性和完整性

区块链技术的核心特性之一是其不可篡改性，这一特性为检察机关的证据管理提供了坚实的保障。利用区块链技术，检察机关可以建立一个安全、可靠的证据管理系统，将关键证据以数字化的形式存储在区块链上。这种存储方式的优势在于，任何对证据的修改或删除都会留下不可磨灭的痕迹，从而有效地防止了证据的篡改和伪造。在传统的证据管理方式中，纸质证据容易受损或丢失，而电子证据则可能遭到黑客攻击或病毒感染。然而，通过区块链技术存储的证据具有极高的安全性。由于区块链的分布式特性，数据被分散存储在多个节点上，即使部分节点遭受攻击或出现故障，其他节点仍然可以保持数据的完整性。这种去中心化的存储方式确保证据在传输和存储过

程中不会被篡改或损坏，从而维护了证据的真实性和完整性。

2. 实现证据的自动化验证和比对

区块链技术还可以实现证据的自动化验证和比对。在传统的办案过程中，证据的验证和比对往往需要耗费大量的人力和时间。然而，通过区块链技术，检察机关可以利用智能合约等自动化工具，对证据进行快速、准确的验证和比对。智能合约可以预先设定验证规则和比对条件，当新的证据被提交到区块链上时，智能合约会自动触发并执行相应的验证和比对操作。这种方式不仅提高了证据处理的准确性和效率，还减少了人为干预的可能性，进一步确保了证据的客观性和公正性。

3. 区块链技术提升庭审证据的可信度

在庭审过程中，通过区块链技术呈现的证据具有更高的可信度。这主要归功于区块链上的证据记录具有不可篡改性和时间戳功能。时间戳可以精确地记录证据提交的时间，而区块链的不可篡改性则确保证据在提交后不会被修改或删除。这些特性使得法官和陪审团可以更容易地验证证据的真实性和来源。在庭审中，检察机关可以通过区块链平台向法庭展示原始、未经篡改的电子证据，如视频、图片、文档等。这些证据由于具有时间戳和不可篡改性，其可信度大大提高。法官和陪审团可以根据这些可信度高的证据对案件进行公正地裁决，从而提升检察机关在庭审中的说服力。此外，区块链技术还可以用于确保证人证言的真实性。通过区块链平台，证人的证言可以被安全地记录和存储，并在需要时被提取和呈现。这种方式可以避免证人受到威胁或利诱而改变证言的情况发生，从而确保证人证言的真实性和可信度。

（三）加强检察机关内部的监督和管理

1. 实现内部信息的公开透明

区块链技术的核心特性之一是数据的公开、透明和不可篡改。检察机关通过应用区块链技术，可以构建一个内部监督管理系统，将工作记录、审批流程、资金流向等关键信息全部记录在区块链上。这些信息一旦上链，就具有不可篡改性，确保了数据的真实性和可信度。内部监督部门可以随时查阅和审计这些信息，实现全方位、无死角地监督。这种透明化的管理方式带来了显著的优势。一方面，它打破了信息壁垒，使得检察机关内部各部门之间能够实现信息共享，提高工作效率。另一方面，公开透明的信息环境有助于减少权力寻租和腐败行为的发生。当每一笔交易、每一项决策都被公开记录在区块链上时，任何不正当的行为都将无所遁形。这不仅提升了检察机关的廉洁程度，也极大地增强了其公信力。

2. 自动化和智能化管理流程

区块链技术还可以实现检察机关内部流程的自动化和智能化管理。通过智能合约等技术手段，检察机关可以规范工作流程、明确职责权限，从而提高工作效率和质量。在检察机关内部管理中，智能合约可以用于自动化处理各种审批流程、任务分配、资金划拨等事务。这不仅大大减少了人工操作的烦琐和错误，还提高了工作效率和准确性。同时，智能合约的引入也使得管理流程更加智能化。通过预设的规则和条件，智能合约可以自动判断和处理各种情况，及时发出提醒或警报，帮助管理人员及时发现问题并做出相应处理。这种智能化的管理方式不仅提升了检察机关的工作效能，也为其赢得了更高的公信力。

3. 构建全面的监督体系

区块链技术的引入还为检察机关构建了一个全面的监督体系。在这个体系中，每一个节点都可以作为一个监督者，共同维护整个系统的安全和稳定。区块链的分布式特性使得数据不再依赖于单一的中央机构进行存储和管理。这意味着即使某个节点发生故障或被攻击，其他节点仍然可以保持数据的完整性和可用性。这种去中心化的结构为检察机关提供了一个更加安全可靠的数据存储环境。通过智能合约和自动化管理流程的结合使用，检察机关可以实现更加精细化的权限控制和行为审计。每个部门或人员的操作权限可以被精确设置和管理，任何越权行为都会触发警报并被记录在区块链上。这种全面的监督机制有助于及时发现并纠正内部管理中的问题和漏洞。

第三节　科技手段应用的挑战与风险防范

一、科技手段在法律监督中的应用现状与挑战

（一）科技手段助力法律监督的深入发展

1. 大数据分析与疑点追踪

在法律监督工作中，大数据分析技术的运用正变得日益重要。传统的案件审查往往依赖于司法人员的经验和直觉，而现在，借助大数据分析技术，司法机关能够迅速筛选出疑点数据，从而更加精确地锁定可能的违法行为。这不仅提升司法工作的效率，还增强了司法过程的科学性和公正性。例如，在反腐败调查中，大数据分析可协助追踪资金流向，揭露权钱交易的证据；在刑事侦查中，大数据分析则可以通过挖掘犯罪嫌疑人的通信记录和行踪轨迹等数据，揭示犯罪网络和组织结构。此外，大数据分析技术还能对法律监督的效果进行量化评估，通过统计分析案件数量、类型和处理结果等数据，可以更准确地把握法律监督的实际情况及存在的问题，为改进和完善法律监督工作提供科学的依据。

2. 人工智能与法律文书处理

人工智能技术在检察机关的法律监督工作中也展现了广泛的应用前景，尤其是在法律文书处理方面。以往，检察机关在处理大量的法律文书时，需要耗费许多人力和时间，且容易出错或遗漏关键信息。如今，借助人工智能算法，检察机关可以实现对海量法律文书的自动分类、摘要生成和关键词提取，显著提升工作效率和准确性。此外，人工智能算法还能为检察官提供更为精确的审查建议。通过对历史案件数据的学习和分析，人工智能可以预测类似案件的审查重点和可能存在的问题，从而为检察官提供科学、合理的审查方向。这不仅增强了审查的精准度和公正性，也减少了人为判断的偏差。同时，人工智能技术还能辅助检察机关实现法律文书的智能审核与纠错。利

用自然语言处理和机器学习技术，系统可以自动识别出文书中的错误或不规范表述，并给出纠正建议。这一功能对于提升法律文书的质量、避免法律纠纷和误解具有重要意义。

3. 数字化存档与信息公开

数字化存档技术为法律监督带来了极大的便利。传统的纸质文档不仅存储和查找困难，而且容易损坏和丢失。而现在，通过数字化存档技术，我们可以将所有法律文书进行高效存储、检索和管理。这不仅提高了工作效率，还保证了法律文书的完整性和安全性。同时，数字化存档技术还使得法律监督更加透明和公开。通过互联网平台，公众可以更方便地查阅相关法律文书和案件进展。这不仅增强了公民的知情权，也加大了法律监督的力度。公众可以通过查阅和了解法律文书，对法律监督的过程和结果进行监督和评价，进而推动法律监督的不断完善和发展。

（二）技术依赖与数据安全隐患

1. 技术依赖与系统稳定性风险

随着大数据分析、人工智能等高科技手段在法律监督中的深入应用，我们越来越依赖于这些技术来进行案件调查、数据分析和法律文书处理等工作。然而，这种技术依赖也带来了一定的风险。一旦相关的技术系统出现故障或遭到黑客攻击，就可能会导致整个法律监督体系的瘫痪，严重影响案件的侦破和法律程序的正常进行。在大数据分析过程中，如果系统出现故障，可能会导致重要的线索被遗漏或数据分析结果出现偏差，从而影响案件的侦破方向和公正性。此外，黑客攻击也是一个不可忽视的威胁。他们可能会利用系统漏洞或恶意软件来破坏数据完整性或窃取敏感信息，进而对法律监督造成极大的干扰和破坏。为了降低技术依赖带来的风险，需要加强技术系统的稳定性和安全性，包括定期进行系统维护和更新、加强网络安全防护、建立数据备份和恢复机制等措施。同时，我们还需要培养一支专业的技术团队来应对可能出现的系统故障和黑客攻击等问题。

2. 数据安全隐患与防范策略

在数字化的法律监督体系中，大量的法律文书和案件信息都被存储在数字平台上。这些数据的安全性直接关系到法律监督的公正性和权威性。然而，随着数字技术的快速发展，数据安全隐患也日益凸显。一方面，黑客攻击和数据泄露事件频发，使得存储在数字平台上的法律文书和案件信息面临被非法获取或篡改的风险。一旦这些数据被恶意利用或泄露给第三方，将会对法律监督造成极大的威胁和损害。另一方面，内部人员的不当操作或恶意行为也可能导致数据的丢失或损坏，进而影响法律监督的正常进行。为了保障数据的安全性，需要采取一系列防范策略。加强数据加密和访问控制等安全防护措施是必不可少的。通过采用先进的加密算法和严格的访问权限设置，我们可以确保数据在传输和存储过程中的安全性。建立数据备份和恢复机制也是非常重要的。通过定期备份数据和制订详细的恢复计划，我们可以在数据丢失或损坏时迅速恢复数据的完整性和可用性。此外，加强内部人员的培训和管理也是保障数据安全的重要措施之一。通过增强员工的安全意识和操作技能，我们可以减少人为因素导致的数据安全隐患。

3. 平衡技术与人的关系

科技手段的应用虽然提高了工作效率和准确性，但也可能导致执法者对技术的过度依赖，从而忽视了人的因素。在法律监督过程中，人与人之间的沟通和协作是非常重要的。为了平衡技术与人的关系，需要加强执法者的沟通技巧和协作能力培养。通过定期培训和实践锻炼，可以提高司法人员与当事人和证人的沟通能力，确保在案件处理过程中能够充分听取各方面的意见和收集到全面的证据。同时，需要建立完善的协作机制，促进不同部门和人员之间的信息共享和合作，确保法律监督的公正性和有效性。

（三）法律与科技的融合之路仍需探索

1. 平衡技术与人的关系

在科技手段广泛应用于法律监督的今天，平衡技术与人的关系尤为重要。技术的快速发展为我们提供了更多便利，但也可能带来一些负面影响。为了平衡这种关系，应当明确技术在法律监督中的角色定位。技术应当是辅助工具，而不是替代人的决策。执法者需要保持对技术的理性认知，既要充分利用技术提高工作效率，又要避免盲目依赖。同时，执法机关应当加强对执法者的培训和教育，提升他们的专业素养和人文关怀，确保在科技手段的辅助下，更好地履行法律监督的职责。

2. 确保数据的安全性和完整性

随着大数据、云计算等技术的运用，法律文书和案件信息逐渐实现了数字化存储和管理。然而，这也带来了数据安全和隐私保护的问题。如何确保数据的安全性和完整性，防止数据泄露和非法篡改，成为当前亟待解决的问题。为了解决这一问题，我们需要从技术和法律两个层面入手。在技术层面，应当加强数据加密、访问控制等安全防护措施的研发和应用，确保数据在传输、存储和处理过程中的安全性。同时，建立完善的数据备份和恢复机制，以防数据丢失或损坏。在法律层面，应当制定和完善相关法律法规，明确数据的所有权、使用权和经营权，规范数据的收集、存储、处理和使用行为，为数据安全提供法律保障。

3. 提高技术的可靠性和稳定性

科技手段在法律监督中的应用需要高度的可靠性和稳定性。一旦出现系统故障或技术问题，可能会导致法律程序的延误或中断，甚至影响到案件的公正处理。因此，提高技术的可靠性和稳定性显得尤为重要。为了实现这一目标，我们需要从多个方面入手。首先，加强技术研发和测试工作，确保技术的成熟度和稳定性达到要求后再投入使用。其次，建立完善的技术维护和更新机制，定期对系统进行检修和优化，及时修复潜在的安全漏洞和隐患。最后，加强与专业机构的合作和交流，共同推动技术的创新和发展，为法律监督提供可靠和高效的技术支持。建立完善的法律体系规范科技手段在法律监督中的应用也是必不可少的。随着科技手段的不断更新和发展，现有的法律体系可能已经无法满足实际需求。因此，我们需要及时修订和完善相关法律法规，明确科技手段在法律监督中的地位和作用，规范其应用行为和责任承担。同时，加强对司法人员的法律教育和培训，提高他们的法律意识和素养，确保在科技手段的辅助下依法行使职权、履行职责。

二、科技手段应用的风险评估与防范策略

（一）识别与量化科技应用风险

1. 深入剖析技术系统稳定性的风险

技术系统的稳定性是科技手段在法律监督中应用的基石。一个不稳定的技术系统可能会因为系统故障或黑客攻击而中断法律监督工作的正常进行，甚至导致重要数据的丢失。这种风险不仅影响法律监督的效率，还可能对法律程序的连贯性和公正性造成严重威胁。为了深入剖析这一风险，需要从系统的架构设计、硬件设施、软件可靠性以及网络安全等多个维度进行综合考量。例如，通过压力测试和模拟故障场景来检验系统的容错能力和恢复能力。同时关注系统的更新和维护流程，确保在面临新技术挑战时能够及时做出调整和优化。此外，黑客攻击是威胁技术系统稳定性的另一大因素。因此，我们需要定期对系统进行安全漏洞扫描，及时修补潜在的安全隐患。并且，通过建立完善的安全防护体系，如部署防火墙、入侵监测系统以及实施定期的安全审计等，有效抵御外部攻击。

2. 细致评估数据安全性的风险

在科技手段广泛应用于法律监督的背景下，数据安全性成为不可忽视的风险点。数据泄露、篡改或非法访问等威胁不仅可能导致个人隐私的泄露，还可能影响法律监督的公正性和权威性。为了细致评估数据安全性的风险，我们需要从数据的存储、传输和处理等各环节入手。在数据存储方面，应确保采用加密技术对敏感数据进行保护，并设置严格的访问权限和审计机制。在数据传输过程中，应使用安全的通信协议，防止数据在传输过程中被截获或篡改。同时，在数据处理环节，我们需要建立完善的数据操作规范和审计流程，确保数据的完整性和真实性。除了技术层面的保障，还应加强数据安全意识的培训和教育。通过定期举办数据安全知识讲座和模拟演练等活动，提高执法人员对数据安全性的重视程度和应对能力。

3. 全面审视操作合规性的风险

操作合规性风险主要源于司法人员在使用科技手段时可能存在的不规范操作。这种不规范操作有可能导致证据的失效，甚至可能使整个法律程序的正当性受到质疑。为了全面审视和应对这一风险，建立一套完善的操作规范和监督机制至关重要。具体而言，制定详尽的操作流程和注意事项，以确保司法人员在使用科技手段时能够遵循明确的指导。同时，通过定期的培训和严格的考核机制，提升司法人员对操作规范的掌握程度和执行力。此外，建立操作审计机制，实时监控并记录司法人员的操作过程，以便及时发现并纠正任何不规范的操作行为。在审视操作合规性风险时，关注司法人员的主观意识和职业道德水平。通过加强职业道德教育和法律意识培养，引导司法人员树立正确的职业观念和价值观，从而有效降低操作合规性风险的发生概率。

（二）加强技术系统安全防护

1. 构筑坚实的基础安全防护体系

基础安全防护是确保技术系统免受外部攻击的第一道防线。建立完善的防火墙是必不可少的，它能够有效地隔离内外网络，阻止未经授权的访问和数据泄露。同时，还应部署入侵监测系统（intrusion detection system，IDS），实时监控网络流量，及时发现并响应任何异常行为，从而防止潜在的攻击行为对系统造成损害。除了防火墙和 IDS，病毒防护系统也是基础安全防护的重要组成部分。通过安装可靠的杀毒软件，定期更新病毒库，可以有效防止恶意软件的侵入，保护系统的完整性和数据的安全性。

2. 定期进行安全漏洞扫描和风险评估

安全漏洞是技术系统面临的主要风险之一。为了及时发现并修补这些漏洞，需要实施定期的安全漏洞扫描。通过专业的扫描工具，可以检测出系统中可能存在的安全隐患，并根据扫描结果采取相应的补救措施。同时，全面的风险评估也是必不可少的。风险评估不仅要关注系统的技术层面，还要涉及管理、操作等各个方面。通过评估，我们可以确定系统的安全状况，识别潜在的风险点，并制定相应的应对策略。

3. 提升系统的可用性和可扩展性

在确保系统安全的基础上，需要关注系统的可用性和可扩展性。负载均衡技术的应用是实现系统高可用性的关键。通过合理分配网络负载，可以确保系统在高峰时段依然能够保持稳定的性能，避免因为过载而导致的服务中断。容错技术也是提高系统稳定性的重要手段。通过设计冗余部件或采用分布式系统架构，我们可以在部分组件发生故障时，保证系统的整体功能不受影响。此外，随着业务的发展和数据的增长，系统的可扩展性也显得尤为重要。我们需要预留足够的扩展空间，以便在需要时能够轻松地增加硬件资源或扩展系统功能。为了确保技术系统的安全防护措施得到有效执行，还应与专业的技术支持团队建立紧密的合作关系。在系统出现问题时，技术支持团队能够提供及时有效的帮助，确保系统能够快速恢复正常运行。

（三）保障数据安全与隐私保护

1. 数据加密与访问控制的重要性及应用

数据加密是保护数据安全的重要手段之一。对敏感数据进行加密存储和传输，可以确保数据的保密性，使得即使数据在传输过程中被窃取或在存储中被非法访问，也难以被解密和滥用。为了实现这一目标，应采用高强度的加密算法和密钥管理机制，确保加密的可靠性和稳定性。同时，随着技术的发展，还需不断更新加密算法和密钥，以应对日益复杂的网络安全威胁。除了数据加密，实施严格的访问控制策略也是至关重要的。访问控制能够根据用户的角色和权限来限制对数据的访问和操作，从而防止未经授权的访问和数据泄露。为了实现有效的访问控制，需要建立完善的用户身份认证和权限管理机制。通过对用户进行身份验证和授权，可以确保只有经过授权的用户才能访问敏感数据，进而有效保障数据的安全性。

2. 数据审计与监控机制的建立与完善

为了进一步加强数据安全，还需要建立完善的数据审计和监控机制。这一机制可以对数据的使用和修改进行实时记录和监控，从而及时发现并防止数据被非法篡改或滥用。数据审计可以追踪数据的来源和去向，确保数据的完整性和真实性。同时，监控机制可以实时监测数据的异常情况，及时发现并应对潜在的安全威胁。在实施数据审计和监控机制时，应注重数据的可视化展示和报警机制。通过可视化展示，可以直观地了解数据的整体情况和异常行为，提高数据监控的效率。而报警机制则可以在发现异常情况时及时提醒相关人员，确保问题能够得到迅速解决。

3. 法律法规建设与司法人员的教育培训

加强数据安全和隐私保护的法律法规建设是保障数据安全的重要一环。应明确数据的所有权、使用权和经营权，为数据安全提供坚实的法律基础。通过制定和完善相关法律法规，可以规范数据的收集、存储、使用和共享，从而有效保护个人隐私和数据安全。同时，加强对司法人员的法律教育和培训也至关重要。这种教育和培训旨在提高司法人员对数据安全和隐私保护的认知和重视程度，确保他们在科技手段的辅助下能够依法行使职权、履行职责。教育和培训的内容应涵盖数据安全的法律法规、保护技术手段和操作流程等，使司法人员全面了解并掌握数据安全的重要性和实际操作方法。通过这样的教育和培训，可以提升司法人员在数据安全和隐私保护方面的专业素养，为法律监督工作提供有力的支持。

三、完善科技手段在法律监督中应用的建议

（一）持续优化技术系统以适应法律监督需求

为了完善科技手段在法律监督中的应用，我们首先需要持续优化技术系统，确保其能够满足法律监督的实际需求。技术系统的优化应当从提升处理速度、增强数据分析能力、提高系统稳定性等多个方面入手。特别是在处理大量法律文书和案件信息时，高效的技术系统能够显著提高工作效率，减少人为错误，为法律监督提供更加准确、及时的数据支持。同时，还应关注技术系统的易用性和用户体验。简洁明了的操作界面、人性化的功能设计以及流畅的系统响应，能够降低执法者的学习成本，提升他们使用科技手段的积

极性和满意度。因此，在技术开发过程中，应充分征求执法者的意见和建议，确保技术系统能够真正贴合他们的实际工作需求。

（二）加强数据整合与共享以提升法律监督效率

在法律监督过程中，数据的整合与共享至关重要。通过加强跨部门、跨地区的数据整合，可以打破信息孤岛，实现法律文书和案件信息的互联互通。这不仅能够提升法律监督的透明度，还能为执法者提供更加全面的数据支持，帮助他们做出更加准确、公正的决策。为了实现这一目标，需要建立完善的数据共享机制。明确数据共享的标准和流程，确保各部门之间能够顺畅地交换数据。同时，加强对共享数据的保护和管理，防止数据泄露和滥用。此外，我们还应积极探索利用大数据、云计算等先进技术进行数据分析和挖掘，为法律监督提供更加深入的洞察和决策支持。

（三）深化人员培训与技能提升以适应科技手段应用

随着大数据、人工智能等现代科技手段在司法领域的广泛应用，法律监督工作的方式和内容正经历着深刻的变革。为了确保科技手段的有效应用，司法人员必须具备相应的专业知识和技能。针对科技手段的快速更新和迭代，司法人员需要持续接受相关的培训和教育，以便及时了解和掌握最新的科技动态和应用方法。这种培训应当注重理论与实践的结合，既涵盖科技手段的基本原理，又包括其在法律监督中的具体应用案例。除了基本的科技知识，司法人员还需要培养数据分析、信息筛选和判断等能力，以便在海量的数据中准确识别出对法律监督有价值的信息。为了深化司法人员的培训与技能提升，相关部门应当建立完善的培训机制和激励机制。通过定期的培训和考核，确保司法人员能够不断提升自身的科技应用能力。同时，通过设立奖励机制，鼓励司法人员在实践中积极探索和创新科技手段的应用方式。

第七章　法律监督与法治社会建设

第一节　法律监督在法治社会建设中的地位

一、法律监督是法治建设的基石

（一）保障法律正确实施，维护法治权威

法律监督的首要任务是确保法律得以正确实施。在现代法治国家，法律是维护社会秩序、保障公民权利的重要工具。然而，法律的实施不是一帆风顺的，总会遇到各种挑战和阻力。通过法律监督，可以及时发现和纠正法律实施过程中的违法违规行为，防止法律被任意解释、歪曲或滥用。这种监督不仅是对法律实施者的约束，更是对法治权威的维护。只有法律得到正确实施，法治的权威才能得到彰显，社会的公平正义才能得到保障。

（二）促进权力规范运行，防止权力滥用

权力是一把双刃剑，用得好可以造福社会，用得不好则可能滋生腐败。法律监督在规范权力运行方面发挥着重要作用。它通过对权力行使过程的监督，确保权力在法律的框架内规范运行，防止权力滥用和腐败现象的发生。在法治社会中，任何权力的行使都必须受到法律的制约和监督。法律监督就像

一道防火墙，时刻警惕着权力是否越界。一旦发现权力滥用或腐败现象，法律监督就会及时介入，进行调查和处理，从而维护社会的公平正义和法治秩序。

（三）提升公民法治意识，推动法治社会建设

法律监督不仅是对法律实施和权力运行的监督，更是一种法治教育的过程。通过法律监督的实践活动，可以让公民更加深入地了解法律的重要性和法治的原则，从而提升公民的法治意识。公民的法治意识是法治社会建设的基础。只有当公民普遍具有法治意识，自觉遵守法律，积极维护法治秩序时，法治社会才能真正建立起来。因此，法律监督在提升公民法治意识、推动法治社会建设方面发挥着不可替代的作用。同时，法律监督的公开性和透明度也有助于增强公民对法治的信任和认同。当公民看到法律监督机构在维护法律权威、保障公民权利方面所做的努力时，他们会更加信任和支持法治建设。这种信任和认同是法治社会建设的宝贵财富，也是推动法治不断进步的重要力量。

二、法律监督的现实挑战

（一）法律监督体系不完善，监督力度不足

1. 监督机构设置与职能划分不明确

在我国的法律监督体系中，监督机构的设置和职能划分尚不够明确。这导致了监督工作中存在重叠和空白区域，使得一些违法行为有机会逃避监督。不同监督机构之间可能存在职能重叠，对某些法律问题的监督出现多头管理，而另一些重要领域却可能因没有明确的监督主体而成为监督的空白地带。这种不明确的机构设置和职能划分不仅降低了监督效率，还可能导致机构之间的推诿和扯皮现象。为了解决这一问题，我们需要对现有的监督机构进行全面梳理，明确各自的职能范围，减少重叠，填补空白。同时，加强机构之间的沟通与协作，形成合力，共同提高监督效果。

2. 监督手段和方法单一

目前，我国的法律监督手段和方法相对单一，主要依赖于传统的审查、

调查等方式。这些方式虽然在一定程度上能够发现问题，但在面对日益复杂的法律问题时，却显得力不从心。此外，随着科技的发展，一些新的违法手段也在不断涌现，传统的监督方式往往难以应对。因此，需要不断创新监督手段和方法，引入现代科技支持。例如，可以利用大数据、人工智能等技术手段，对数据进行深度挖掘和分析，发现潜在的违法行为。同时，还可以建立信息共享平台，加强不同监督机构之间的信息交流与合作，提高监督的及时性和准确性。

3. 监督结果执行力度不够

在法律监督过程中，即使发现了违法行为，也往往因为执行力度不够而导致处罚不力，难以起到震慑作用。这主要是因为一些监督机构在执法过程中存在畏难情绪或受到各种因素的干扰，导致执法不严或不公。为了加大监督结果的执行力度，我们需要从制度层面进行保障。应完善相关法律法规，明确违法行为的处罚标准和程序，确保执法有据可依。还应建立健全执法监督机制，对执法过程进行全程跟踪和评估，确保执法公正、严格。

（二）法律监督与行政权力的关系难以平衡

1. 行政权力的双重角色及其挑战

行政权力是法律实施的重要力量，它负责将法律条文转化为社会实践，保障社会秩序的正常运转。然而，这种权力同时也需要受到严格的法律监督，以防止其滥用或越权行为。这种既是执行者又是潜在违规者的双重身份，使得其在法律监督中的角色变得极其微妙。一方面，行政权力需要足够的空间来灵活应对各种社会问题，有效执行法律；另一方面，过大的权力空间也可能诱发权力滥用，损害公众利益。因此，如何在保障行政效率的同时，又能有效约束行政权力，是法律监督面临的一大挑战。

2. 行政权力对法律监督的潜在影响

由于行政权力在法律实施中的核心地位，它有可能对法律监督机构产生直接或间接的影响。在某些情况下，行政权力可能会利用其资源和影响力，试图对监督机构进行施压或干预，以改变监督结果或逃避法律责任。这种干预不仅损害了法律监督的公正性和独立性，也严重破坏了法治的权威性和公信力。因此，如何确保法律监督机构在面对行政权力时能够保持独立和公正，是另一个需要解决的重要问题。

3. 平衡法律监督与行政权力的策略

要平衡法律监督与行政权力的关系，需要从制度上明确两者的职责和权限。通过制定详细的法律法规，明确行政权力的行使范围和方式，以及法律监督机构的监督职责和程序，可以有效减少权力重叠和冲突，提高法律监督的针对性和有效性。加强法律监督机构的独立性和权威性也是关键，包括确保监督机构在人员配置、经费保障和工作流程上的独立性，以及提高其监督结果的权威性和公信力。只有这样，监督机构才能在面对行政权力时保持足够的独立性和公正性。

同时，加强公众参与和社会监督也是平衡两者关系的重要途径。通过公开透明的方式，让公众了解行政权力的运行情况和法律监督的过程及结果，可以增强公众对法治的信任感，同时也会对行政权力和法律监督机构形成有效的外部约束。

（三）公众参与度低，社会监督力量薄弱

1. 公众对法律监督的认知度不足

公众的有效参与是提升法律监督效力的关键，但现实中，很多人对法律监督的概念、意义以及自己的参与权利知之甚少。这种认知的缺失，往往源于普法教育的不足和信息传播的不畅。因此，加强普法宣传，提高公众对法律监督的认知度，是提升公众参与度的首要任务。普法教育是提高公众法律意识的基础工程，虽然已经在各级学校和社会层面展开，但深度和广度仍有待加强。特别是在农村地区和偏远地区，普法教育的覆盖面和影响力还远远不够。因此，政府和社会组织应当加大普法教育的力度，通过多种形式如讲座、宣传片、互动游戏等，提高公众对法律监督的认知和兴趣。信息传播的不畅也是导致公众认知度不足的一个重要原因。在互联网时代，虽然信息传播的速度和广度都极大增强，但同时也存在着信息不对称的问题。政府部门

应当利用官方网站、社交媒体等多种渠道，及时发布法律监督的相关信息，引导公众正确理解和参与法律监督。

2. 公众参与法律监督的渠道不畅通

公众参与法律监督的渠道不畅通，是阻碍公众参与度提高的另一个重要原因。目前，虽然我国已建立一些公众参与法律监督的渠道，如举报、投诉等机制，但这些机制在实际操作中仍存在诸多不便。举报、投诉机制的不完善是一个突出问题，很多公众反映，在举报或投诉时，往往遭遇程序烦琐、反馈不及时等问题。这不仅影响了公众参与的积极性，也降低了法律监督的效率。因此，政府部门应当简化举报、投诉流程，提高处理效率，让公众能够方便快捷地参与法律监督。此外，公众参与法律监督的渠道还应当更加多元化。除了传统的举报、投诉方式，还可以利用互联网技术，如建立在线举报平台、开展网络问卷调查等，拓宽公众参与法律监督的途径。

3. 公众对于法律监督结果的反馈不及时、不透明

公众参与法律监督后，对于监督结果的反馈是检验政府工作透明度和效率的重要指标。然而，目前公众对于法律监督结果的反馈往往存在不及时、不透明的问题。及时反馈是保持公众参与热情的关键。当公众提出举报或投诉后，他们期待的是一个及时、公正的处理结果。如果政府部门对此置之不理或者拖延处理，势必会挫伤公众的积极性。因此，政府部门应当建立完善的反馈机制，确保公众的每一条举报或投诉都能得到及时有效的回应。透明度是提升政府公信力的基础，公众有权知晓法律监督的结果和相关信息。政府部门应当定期公开法律监督的进展情况和处理结果，接受社会的监督和评价。这样不仅可以增强政府的公信力，还可以激发公众参与法律监督的热情。

三、法律监督与问责机制的作用

（一）强化权力制约与责任落实

1. 法律监督对权力的制约作用

法律监督是对权力运行的一种重要约束力量，其核心目的在于确保国家

机关和公职人员在行使权力时始终遵循法律法规的框架，不越权、不滥权。这种制约不仅体现在对权力运行过程的监督，更包括对权力行使结果的审视和评估。法律监督通过对国家机关和公职人员的行为进行合法性审查，确保其在行使权力时严格遵循法律法规的规定。这种合法性审查涵盖权力来源、行使程序以及行使结果的全面监督，从而有效地防止权力的滥用和腐败现象的发生。同时，法律监督还通过公开、透明的方式，让公众对权力运行有更清晰的认识，进一步增强了权力的公信力。此外，法律监督还具有预防性作用，可以及时发现并纠正潜在的违法违规行为，将问题消灭在萌芽状态，从而维护法治的公正性和权威性。

2. 问责机制对责任落实的保障作用

问责机制是对权力行使结果的评估和追责体系，它确保公职人员在行使权力过程中的责任性。当公职人员出现违法、违规或管理不善的情况时，问责机制将迅速启动，对相关责任人进行追究和处罚。问责机制的建立和实施，使得公职人员必须对自己的行为负责。这种责任性不仅体现在对违法违规行为的惩罚上，更包括对相关责任人进行教育、引导和纠正。通过这种方式，问责机制有效地促进了公职人员依法履职、勤勉尽责的自觉性。同时，问责机制还具有威慑作用。通过对违法违规行为的严厉打击和公开曝光，警示和教育其他公职人员，从而在一定程度上预防类似问题的再次发生，增强公职人员依法履职的意识和能力。

3. 互补作用

法律监督和问责机制在权力制约和责任落实方面形成了有力的互补。法律监督主要侧重于权力的合法性和规范性监督，确保权力在运行过程中始终符合法律法规的规定；而问责机制则强调对违法违规行为的责任追究，确保公职人员对自己的行为负责。这种互补作用使得权力在运行过程中既受到制约，又能确保其责任性。当法律监督发现问题时，问责机制可以迅速介入并进行处理；而当问责机制启动时，也会反过来促进法律监督的进一步加强和完善。这种相互作用、相互促进的关系使得法律监督和问责机制成为维护法治、保障公民权利的重要工具。

（二）提升法律实施效果与社会公信力

1. 法律监督确保法律的正确与公正实施

法律监督是法律体系中的重要一环，其目的在于确保法律的正确实施，防止权力的滥用和法律的歪曲。通过法律监督，可以及时发现并纠正法律执行过程中的偏差和错误，保障公民的合法权益不受侵犯。当法律得到公正、严格的执行时，社会秩序得以有效维护，公民的法治信仰也随之增强。为了实现这一目标，法律监督机构需要对法律实施的全过程进行严密的跟踪与审查，包括对执法行为的监督，确保执法人员在执行法律时严格依照法律条文进行，不出现任意执法、粗暴执法等现象；同时，法律监督还涉及对司法活动的监督，以保障司法的公正性和权威性。通过这些措施，法律监督为法律的正确实施提供了坚实的保障，从而提升了法律体系的整体效果。

2. 问责机制增强公职人员的法律意识和责任意识

问责机制是针对公职人员在履行职责过程中出现的违法违规行为进行责任追究的一种制度。这一机制的存在，使得公职人员在行使权力的同时，也承担起了相应的责任。当公职人员出现违法违规行为时，问责机制会及时启动，对其进行处罚和问责。问责机制的运作不仅能够对违法违规行为进行及时惩处，更重要的是它起到了震慑和警示作用。通过公开、透明的问责过程，让其他公职人员看到违法违规的严重后果，从而增强他们的法律意识和责任意识。这种震慑作用能够在一定程度上预防类似问题的再次发生，提高公职人员依法履职的自觉性和主动性。问责机制的完善与实施，对于提升法律实施效果具有显著影响。它促使公职人员更加谨慎地行使权力，减少权力的滥用和寻租行为。同时，问责机制也为公众提供了一个参与监督政府的途径，增强了公民对政府的信任感和归属感。

3. 法律监督和问责机制共同提升社会公信力

法律监督和问责机制的共同作用，有助于提升社会的公信力。公信力是社会对法律体系、政府机构的认可和信任程度。当公众看到法律体系能够公正、有效地运行，政府能够依法履职、对违法行为及时问责时，他们对法治的信任感会极大地增强。这种信任感是法治社会建设的重要基石。它有助于推动社会的和谐稳定和发展，促进公民与政府之间的良性互动。同时，社会公信力的提升也为经济发展提供了良好的法治环境，吸引了更多的投资和创新活动。为了实现这一目标，政府需要不断完善法律监督和问责机制，确保其有效性和公正性。同时，政府还需要加强与公众的沟通与互动，及时回应公众的关切和质疑，增强政府的透明度和可信度。通过这些措施的实施，我们可以共同推动法治社会的进步与发展。

（三）促进法治文化的形成与传播

1. 公开透明的法律监督和问责活动深化公众对法治的理解

在现代社会，法律监督和问责机制的公开与透明是法治原则的体现，也是提升公众法治意识的重要途径。通过公开的法律监督和问责过程，公众可以直观地看到法律被实施和执行以及违法行为被追究和制裁的过程。这种公开性不仅保障了公民的知情权，更让公众在观察与参与中深化了对法治原则和精神的理解。例如，在一些重大案件的公开审理过程中，公众可以通过媒体或网络直播观看庭审过程，了解法官是如何依法审判、控辩双方是如何进行辩论的。这样的过程不仅让公众了解了法律程序的正义性，也让他们看到了法律面前人人平等的原则在实践中的应用。同样，在公职人员因违法行为被问责的案例中，公众也可以看到权力是如何被关进制度的笼子的，这对于提升公众的法治意识具有极大的促进作用。

2. 法律监督和问责机制促进法治教育的普及

法律监督和问责机制的实践过程，实际上是一堂生动的法治教育课。当公职人员因违法行为被问责时，这不仅是对其个人的惩处，更是对整个社会的警示和教育。这种以案说法的教育方式，往往比单纯的法治宣传更加生动和有效。通过这种方式，公众可以更加直观地理解什么是合法、什么是违法，以及违法的后果是什么。这种实例教育不仅能够让公众对法律产生敬畏之心，更能够让他们在日常生活中自觉遵守法律、维护法治。同时，这种教育方式还能激发公众对法治的兴趣和热情，促使他们更加积极地参与法治建设。

3. 实践活动将法治理念和精神深入人心

法律监督和问责机制的实践活动是将法治理念和精神深入人心的关键途径。通过这些实践活动，公众可以更加深刻地理解法治对于维护社会秩序、保障公民权利的重要性。同时，这些实践活动还能够让公众看到法治在解决实际问题中的有效性，从而增强他们对法治的信任和依赖。在这个过程中，政府、司法机关、媒体等各方都应该承担起自己的责任，共同推动法治文化的形成与传播。政府应该加强法治建设，完善法律监督和问责机制；司法机关应该公正司法、严格执法；媒体应该加强法治宣传、增强公众的法治意识。只有通过各方的共同努力，才能使法治的理念和精神深入人心，为法治社会的建设奠定坚实的文化基础。

第二节　法律监督与公民法治意识的提升

一、法律监督对公民法治意识的影响

（一）法律监督增强公民对法治的信任感

1. 法律监督保障法律实施的公正性

法律监督的核心目标是确保法律得到公正、无偏见的执行。这包括对执法和司法活动的全面监督，以防止权力的滥用和对法律的歪曲。当公民看到法律在实施过程中不受任何特权或偏见的影响时，他们对法治的信任感自然会增强。这种信任感来源于法律监督所提供的公正环境，让每一个人都能在法律面前得到平等对待。为了实现这一目标，法律监督机构采取了多种措施。例如，对执法行为进行严格监督，确保执法人员在行使职权时遵循法律原则，不滥用权力。同时，对司法活动进行监督，以保障审判的公正性和独立性。这些措施共同作用，为公民营造了一个公正、透明的法治环境，从而增强了公民对法治的信任感。

2. 法律监督提高法律实施的透明度

透明度是提升公民对法治信任感的关键因素之一。法律监督通过公开执法和司法信息，让公民能够实时了解法律实施的过程和结果。这种透明度不仅有助于消除公民对法律实施过程中的疑虑和误解，还能增强公民对法治的信任感。为了提高法律实施的透明度，法律监督机构积极推动信息公开和公众参与。例如，通过建立在线平台、发布年度报告等方式，向公众展示法律实施的具体情况和成果。同时，鼓励公民参与法律监督活动，如旁听庭审、提出意见和建议等，让公民更加深入地了解法律实施的过程。这些措施有效地提高了法律实施的透明度，进一步增强了公民对法治的信任感。

3. 法律监督强化法律实施的责任感

法律监督不仅是对执法和司法活动的监督，更是对公职人员履行职责的督促。当公职人员意识到自己的行为将受到严格的监督和问责时，他们会更加谨慎地行使权力，确保法律的正确实施。这种责任感不仅提升了公职人员的职业素养，也传递给了公民一个明确的信号：法治是严肃、认真的，每一个公职人员都必须对自己的行为负责。为了强化法律实施的责任感，法律监督机构采取了多种问责措施。例如，对违法违规的公职人员进行纪律处分或法律追究，以警示其他公职人员依法履职。同时，通过公开问责过程和结果，让公民看到法律监督的实效性和公正性。这些措施共同作用，强化了公职人员的责任感，也提升了公民对法治的信任感。

（二）法律监督引导公民依法维权

1. 提高公民的法治素养

法律监督机构通过开展普法宣传、法律咨询等活动，向公民普及法律知识，帮助他们了解自己的权利和义务。这种普及不仅让公民知道何为合法、何为违法，更重要的是让他们明白，在遭遇侵权或纠纷时，应该如何运用法律武器来维护自己的合法权益。通过这种方式，法律监督为公民依法维权提供了知识基础和思想准备。在普法宣传中，法律监督机构可以结合典型案例，生动形象地展示法律条文在实践中的应用。同时，还可以利用互联网、社交媒体等现代化手段，扩大普法宣传的覆盖面和影响力。这些措施有助于提高公民的法治素养，使他们在遇到问题时能够主动寻求法律帮助，依法维权。

2. 指导公民合理表达诉求

当公民遇到侵权或纠纷时，法律监督机构可以提供必要的法律援助和指导，帮助他们通过合法途径表达诉求。例如，向公民介绍收集证据、撰写诉状等具体的维权步骤和方法。这种指导不仅让公民了解维权的流程，还能提高他们的维权效率，减少不必要的时间和精力消耗。此外，法律监督机构还可以与司法机关、行政机关等建立联动机制，为公民提供更加便捷的维权服务。例如，设立专门的维权窗口或热线电话，及时受理公民的投诉和举报。通过这些措施，法律监督机构为公民依法维权提供了有力的支持和保障。

3. 增强公民对维权的信心

司法公正是维护社会公平正义的重要保障，也是公民依法维权的重要基础。法律监督机构通过对司法活动的监督，确保司法机关在审判过程中严格遵循法律程序，不受任何外部因素的干扰。这种监督不仅保障了司法的公正性，也让公民对维权的结果有了更多的信心和期待。同时，法律监督机构还可以对维权案件进行跟踪和督办，确保公民的合法权益得到及时有效的保护。当公民看到自己的维权行动得到法律监督机构的支持和帮助，他们对维权的信心和积极性也会大大提高。这种信心和积极性的提升不仅有助于公民个人权益的保障，也有助于推动整个社会的法治进程。

（三）公开透明的法律监督过程提高公民参与度

1. 增强公民对法治的认同感

公开透明的法律监督过程意味着公民可以清晰地了解到法律是如何被执行和监督的。这种透明度有助于消除公民对法律实施过程中的疑虑和误解，让他们看到法律是公正、公平的，并且得到了有效的执行。当公民对法治有了更深的了解和认同，他们自然会更加积极地参与法治建设，共同维护社会的公平正义。例如，一些地方政府通过公开审判、网络直播等方式，让公民能够实时观看和了解法律案件的处理过程。这种做法不仅增强了公民对法治的信任感，也激发了他们参与法治建设的积极性。公民在观看过程中，可以更加直观地了解法律的实施情况，从而加深对法治的认同感和归属感。

2. 为公民参与提供有效渠道

公开透明的法律监督过程不仅让公民了解法律的实施情况，还为他们提供了参与法治建设的渠道。公民可以通过各种途径，如提出意见、建议或举报违法行为等，积极参与法律监督。这种参与不仅有助于维护社会的公平正义，还能让公民感受到自己在法治建设中的价值和作用。一些法律监督机构通过建立在线平台、设立举报电话等方式，为公民提供了便捷的参与渠道。公民可以随时随地通过这些渠道反映问题、提出建议，与法律监督机构进行互动交流。这种互动不仅提高了公民的参与度，也让法律监督机构能够更加及时地了解和处理问题，提升法律监督的效率和效果。

3. 激发公民的责任感和使命感

公开透明的法律监督过程让公民更加清晰地认识到自己在法治建设中的责任和使命。当公民看到自己的行为能够直接影响法治的实施效果时，他们会更加珍惜自己的权利和责任，积极参与法治建设。这种责任感和使命感不仅有助于提升公民的参与度，还能推动法治社会的持续发展。例如，在一些社区治理中，通过公开透明的法律监督过程，让公民参与社区规章制度的制定和执行。公民在参与过程中，不仅能够更加深入地了解社区治理的实际情况，还能为社区治理提出宝贵的意见和建议。这种做法不仅激发了公民的责任感和使命感，也提升了社区治理的水平和效果。

二、通过法律监督提升公民法治意识的途径

（一）加强法律监督的宣传教育，普及法律知识

1. 法治宣传教育

法治宣传教育不应局限于传统的讲座、宣传栏等形式，而应充分利用现代信息技术，拓展宣传渠道和形式。例如，可以通过微信公众号、微博、短视频平台等社交媒体，定期发布与法律监督相关的内容，包括法律解读、案

例分析、普法视频等。这些形式更符合当代公民的阅读习惯，能够吸引更多人的关注和参与。同时，线下活动也必不可少。法律监督机构可以定期在社区、学校、企业等场所举办法治讲座、法律咨询日等活动，面对面地解答公民的法律问题，提供法律咨询和帮助。此外，还可以制作和发放法治宣传资料，如法律手册、普法海报等，让公民在日常生活中能随时接触到法律知识。

2. 典型案例

典型案例是法治宣传教育的宝贵资源。通过生动讲解典型案例，可以让公民更加直观地了解法律的实际应用，加深对法律条文的理解。法律监督机构可以选取一些具有代表性的案例，结合案件的背景、过程和结果，进行深入浅出的分析讲解。这种讲解方式不仅能够吸引公民的注意力，还能帮助他们更好地理解法律知识，提升法治意识。在讲解典型案例时，还可以邀请案件当事人或相关人士现身说法，分享他们的亲身经历和感受。这种真实的故事往往更能触动人心，引发公民的共鸣和思考。

3. 个性化的宣传教育方案

不同群体对法律知识的需求和接受程度各不相同。因此，法律监督机构需要针对不同群体的特点和需求，制定个性化的宣传教育方案。例如，对于青少年群体，可以通过开展法治教育课程、举办模拟法庭等活动，激发他们对法律的兴趣和好奇心；对于老年人群体，可以通过制作简单易懂的法律手册、提供法律咨询热线等方式，帮助他们解决生活中遇到的法律问题；对于企业员工，可以组织专题讲座、提供在线法律培训课程等，提升他们的法律素养和风险防范意识。个性化的宣传教育方案能够更好地满足不同群体的需求，提高宣传教育的针对性和实效性。同时，这种方案还能够让公民感受到法律监督机构的关心和服务，进一步增强他们对法治的信任感和归属感。

（二）鼓励公民参与法律监督，提升法治实践能力

1. 畅通法律监督渠道

为了让公民能够便捷、有效地参与法律监督，法律监督机构应积极搭建多元化的参与平台，包括设立专门的举报电话、建立在线举报和反馈系统，

以及开发移动应用等，从而构建一个全方位、多层次的法律监督网络。这些平台的建立，旨在打破时间和空间的限制，让公民能够在第一时间对违法行为进行举报，同时也能及时获得相关部门的反馈和处理结果。此外，为了进一步提高公民参与法律监督的积极性和实效性，法律监督机构还可以定期举办开放日、座谈会等活动，邀请公民亲临现场，了解法律监督工作的具体流程和实际成效。这种面对面的交流方式，不仅能够增强公民对法律监督工作的信任感和认同感，还能为他们提供更为直接、有效的参与渠道。

2. 监督检查活动

除了搭建参与平台，法律监督机构还可以定期组织公民参与法律实施的监督检查活动。这类活动可以让公民亲身体验法律监督的整个过程，从而更加深入地了解法律的实施情况和监督工作的重要性。通过实地查看、听取汇报、查阅资料等方式，公民能够直观地感受到法律监督的严谨性和公正性，进一步提升对法治的信仰和尊重。在活动的组织过程中，法律监督机构应注重公民的广泛性和代表性，确保不同群体、不同背景的公民都能有机会参与其中。同时，还应加强对公民的指导和培训，让他们在参与监督检查活动的过程中能够充分发挥作用，提出有针对性的意见和建议。

3. 提升公民的监督能力

在鼓励公民参与法律监督的过程中，法律监督机构还应为公民提供必要的指导和支持。这包括向公民普及法律监督的基本知识和方法，帮助他们了解监督的程序、范围和注意事项等。同时，还应针对公民在监督过程中可能遇到的问题和困难，提供及时的咨询和帮助。为了进一步提升公民的监督能力，法律监督机构还可以定期组织培训活动，邀请专业人士为公民讲解法律监督的技巧和方法，分享成功的监督案例和经验。通过这种方式，公民不仅能够提升自身的监督能力，还能增强对法律监督工作的信心和热情。

（三）强化法治教育的实际效果

1. 法律监督结果的公开与宣传

为了让公民更加直观地了解法律监督的成效，法律监督机构应当定期公布其工作成果，包括查处的违法案件、纠正的不当行为以及为受害者提供的法律救济等。通过公开这些信息，公民可以清晰地看到法律在实际运行中的效果，从而加深对法治的理解和支持。同时，宣传也是至关重要的一环。法律监督机构可以利用各种媒体平台，如电视、广播、网络等，广泛传播法律监督的典型案例和成功经验。这种宣传不仅能够提升公民对法治的信任感，还能激发他们参与法治建设的热情。

2. 典型案例的法治教育价值

每一个法律监督的典型案例都是一堂生动的法治课。这些案例不仅展现了法律的威严和公正，更揭示了违法行为的后果和法律责任。在教育领域，这些典型案例同样具有极高的价值。教育机构可以与法律监督机构紧密合作，将这些案例引入课堂教学。通过让学生在实际案例中学习和探讨法律知识，可以更加生动地展现法律的实际应用，进而激发学生的学习兴趣并提高效果。这种教学方式不仅能够帮助学生更好地理解法律知识，还能培养他们的法治思维和批判性思考能力。

3. 利用法律监督结果强化法治教育

进一步利用法律监督结果来强化法治教育。例如，可以组织公民参与一些重大案件的庭审旁听，让他们亲身感受法律的庄严和公正。同时，也可以邀请法律监督机构的专家或工作人员举办讲座或授课，分享他们在工作中的经验和见解。此外，还可以利用法律监督结果来推动法治文化的建设。通过在社区、学校等场所设立法治宣传栏、举办法治文化活动等方式，可以营造一个崇尚法治、尊重法律的社会氛围。这种氛围不仅能够提升公民的法治意识，还能促进社会的和谐稳定。

三、法律监督与公民法治意识提升的互动关系

（一）法律监督促进公民法治意识的觉醒和提高

1. 对公民的教育意义

法律监督的过程往往伴随着一系列实际案例的处理，这些案例是法治教

育的生动教材。当公民目睹法律得到公正无私的执行，看到违法者受到法律应有的制裁时，他们对法治的信仰和尊重会得到极大的加强。这种通过实际案例传递的法治精神，远比抽象的理论教育更能触动人心。例如，当一起贪污案或欺诈案被公正处理，违法者被绳之以法时，这一过程不仅彰显了法律的威严，也让公民深刻认识到法治对于维护社会公平正义的重要性。在这些实际案例中，法律监督机构还承担着向公民普及法律知识的重任。在处理案件的过程中，他们会详细解释相关法律条文，帮助公民了解自己的权利和义务。这种普法教育不仅让公民知法、懂法，更重要的是引导他们学会运用法律武器来维护自己的合法权益，成为一个守法、用法的良好公民。

2. 一对一法律服务在增强公民法治意识中的作用

法律监督机构还提供一对一的法律服务，这也是增强公民法治意识的有效途径。例如，在法律援助中心，工作人员会针对劳动纠纷、家庭矛盾等具体案件，为当事人提供详细的法律咨询和解答。在这个过程中，公民不仅能够了解自己的合法权益和维权途径，更能在专业人士的指导下学会如何依法行事、如何运用法律手段来解决问题。这种一对一的法律服务方式具有极高的针对性和实效性。它能够让公民在实际问题中感受到法治的力量和作用，从而更加深刻地认识到法治的重要性。同时，这种服务方式也有助于培养公民对法治的信任感和依赖感，使他们在遇到问题时能够首先想到寻求法律的帮助和保护。

3. 公民参与法律实施过程对法治意识的提升

法律监督还通过公开透明的程序邀请公民参与法律实施过程，如公开审判、允许公民旁听等。这种参与方式不仅让公民有机会更加直观地了解法律的实施情况、见证法律的公正与公平，还能有效增强他们的法治责任感和使命感。当公民意识到自己也是法治建设的一分子、自己的行动和选择能够影响法治的进程时，他们的法治意识自然会得到提升。公开审判和旁听制度的设计初衷就是让更多的人参与法治实践。通过这些活动，公民可以亲身感受到法庭的庄严和法律的威严，从而加深对法治的理解和认同。同时，这些活动也为公民提供了一个学习和交流的平台，让他们可以在实践中不断提升自己的法治意识和法律素养。

（二）有助于法律监督的完善和加强

1. 推动法律监督的公正性与透明度

随着公民法治意识的逐渐增强，他们对法律监督的期望和要求也随之提高。这表现在对法律监督的公正性和透明度的更高追求上。公民不再满足于仅仅知道法律判决的结果，而是想要进一步了解判决的依据和过程，以确保法律的公正实施。为了满足公民的这一需求，法律监督机构必须不断提高其工作的公正性和透明度。例如，公开审判、裁判文书上网等制度的实施，就是为了回应公民对法律监督公正性和透明度的期待。这些措施不仅让公民能够更直观地了解法律的实施过程，还增强了法律监督的公信力。此外，公民法治意识的提升还促使法律监督机构更加注重程序正义。在监督过程中，严格遵守法定程序，确保当事人的合法权益得到充分保障。这种对程序正义的重视，也是法律监督公正性和透明度的重要体现。

2. 公民积极参与提升法律监督效率与针对性

公民法治意识的加强，意味着他们更懂得如何利用法律手段来捍卫自己的权利。在面对不法行为时，他们会主动收集证据，积极向法律监督机构反映情况，为法律监督提供有力的线索。这一变化显著提高了法律监督的效率和针对性。以往，法律监督机构可能需要花费大量时间和精力主动寻找违法行为的线索。而现在，随着公民法治意识的提升和积极参与，法律监督机构可以更快地锁定目标，展开调查，从而及时制止和惩处违法行为。同时，公民的参与还使得法律监督更具有针对性。公民通常会对自己所关注的领域进行深入研究，他们提供的线索和证据往往能够直接指向问题的核心。这使得法律监督机构能够更加精准地打击违法行为，维护法律的尊严和权威。

3. 公民法治意识提升促进法律监督体系的全面完善

公民法治意识的提升不仅推动了法律监督的公正性、透明度和效率的提高，还在更宏观的层面上促进了法律监督体系的全面完善。一方面，公民的积极参与和高度关注使得法律监督机构不得不不断提升自身的业务能力和服务水平。为了满足公民对法律监督的更高要求，法律监督机构需要不断加强自身建设，提高监督人员的专业素养和职业道德水平。另一方面，公民的参与也推动了法律监督相关制度的创新和发展。为了适应公民法治意识提升带来的新变化，法律监督机构需要不断探索新的监督方式和方法，以满足公民的期待和需求。例如，近年来兴起的网络监督、媒体监督等新型监督方式，就是在公民法治意识提升的背景下应运而生的。

（三）法律监督与公民法治意识提升形成良性循环

1. 对公民法治意识的引领作用

法律监督是法治社会不可或缺的一环，它通过确保法律的公正实施和维护法治秩序，为公民树立了一个明确的法治标杆。在这个过程中，法律监督不仅是对违法行为进行惩戒和纠正的手段，更是对公民进行法治教育的重要平台。通过法律监督的实践，如公开审判、法律援助、法治宣传等活动，公民能够直观地感受到法律的力量和法治的价值。这些活动不仅向公民传递了法律知识，还培养了他们的法治思维和行为习惯。公民在见证法律公正实施的过程中，逐渐认识到法治对于维护社会秩序和个人权益的重要性，从而自觉提升自己的法治意识。

2. 提升对法律监督的推动作用

与此同时，公民法治意识的提升也对法律监督产生了积极的推动作用。随着公民对法治认识的深化，他们开始更加主动地参与法律监督过程，为法律监督提供了更多的社会支持和动力。公民法治意识的提升意味着他们更加懂得如何运用法律武器来捍卫自己的权益，也更加勇于揭露和抵制违法行为。当公民发现违法行为时，他们会积极向有关部门举报，推动法律监督机构及时介入和处理。同时，公民还会通过舆论监督、网络举报等方式，对法律监督机构的工作进行监督和评价，促使其不断改进和完善。此外，公民法治意识的提升还使得他们在参与法律监督时更加注重程序和证据的合法性。他们会主动收集和保存相关证据，为法律监督提供有力的支持。这种以事实和证据为基础的监督方式，不仅提高了法律监督的准确性和公正性，也增强了其公信力和威慑力。

3. 良性循环的构建与法治社会的进步

法律监督与公民法治意识之间的良性循环，为法治社会的建设和发展注入了强大的动力。这种良性循环的构建，不仅提高了公民对法治的认同感和参与度，还推动了法律监督体系的不断完善和发展。在良性循环的作用下，法治社会的根基越来越稳固，法治秩序得到了更好的维护。公民在遵守法律的同时，也学会了如何运用法律手段来维护自己的权益和推动社会的进步。而法律监督机构也在公民的积极参与和监督下，不断提高自身的业务能力和服务水平，为法治社会的建设提供了更加坚实的保障。

第三节　法律监督与法治政府建设的互动关系

一、法律监督对法治政府建设的推动作用

（一）确保政府依法行政，提升行政行为的合法性

法律监督在推动法治政府建设方面发挥着重要作用。通过法律监督，可以促使政府在行使行政权力时严格遵守法律法规，从而有助于构建法治政府。法律监督不仅能确保公共权力的合法行使，保护公民的合法权益，还能提升政府行为的透明度和公信力。这些作用共同体现了法律监督在推动法治政府建设中的重要性。在现代法治国家中，政府的权力来源于法律，也必须受到法律的约束。然而，由于种种原因，政府在行使权力的过程中可能会出现偏离法律轨道的情况。此时，法律监督就显得尤为重要。通过检察机关、审判机关以及社会公众等多元化的监督主体对政府行为进行实时、全面的监督，可以及时发现并纠正政府的违法行为，确保政府依法行政。这种监督不仅是对政府权力的一种制约，更是对政府行为合法性的一种保障。在长期的法律监督下，政府会更加注重行政行为的合法性，从而推动法治政府的建设。此外，法律监督还可以通过公开政府信息、参与行政诉讼等方式，增强政府决策的透明度和公众参与度，进一步确保政府行为的合法性和公正性。

（二）完善政府法律制度，提升立法质量

法律监督不仅关注政府行为的合法性，还关注政府所依据的法律制度是否完善。在实践中，法律监督机构往往会发现现行法律制度存在的问题和不足，进而提出修改和完善的建议。这对于提升立法质量、推动法治政府建设具有重要意义。一方面，通过法律监督的反馈和建议，立法机关可以及时了解法律制度的实施效果和社会反响，从而有针对性地进行修改和完善。这不仅可以增强法律制度的可操作性和实用性，还可以提升法律的权威性和公信力。另一方面，法律监督可以促进立法机关与社会公众之间的互动和沟通。在法律监督的过程中，社会公众可以通过各种渠道表达自己的意见和建议，为立法机关提供宝贵的参考。这种民主化的立法过程有助于增强法律的社会认同感和接受度，为法治政府的建设奠定坚实的法律基础。

（三）强化政府责任意识，提升行政效率

法律监督的另一个重要作用是强化政府的责任意识，推动政府更加高效、负责地行使权力。在法律监督的压力下，政府会更加注重履行自己的职责和义务，积极回应社会关切和民众需求。一方面，法律监督可以促使政府更加及时地处理各类社会问题和民生诉求。当政府行为受到监督时，其会更加注重时效性和效率性，以确保问题得到及时解决并满足民众期望。这种高效的行政方式有助于提升政府形象和社会信任度。另一方面，法律监督还可以促使政府更加注重行政行为的合理性和公正性。在监督过程中，政府需要对自己的决策和行为进行合理解释和说明，以确保其符合法律规范和公共利益。这种公开、透明的行政方式有助于增强政府的责任感和公信力。

二、法治政府建设对法律监督的促进作用

（一）为法律监督提供了坚实的制度基础

1. 确立依法行政的基本原则

在法治政府建设的推动下，各级政府及其部门必须遵循依法行政的原则，

即政府的一切行为都必须要有明确的法律依据。这一原则的确立，使得政府在行使权力时受到法律的严格约束，从而为法律监督提供了坚实的制度保障。依法行政不仅要求政府的行为必须符合法律的规定，而且要求政府在行使权力的过程中，必须尊重和保护公民的合法权益，不得侵犯公民的合法权利。这种对政府行为的严格规范，为法律监督提供了明确的标准和依据，使得法律监督更具有针对性和实效性。

2. 推动信息公开制度的完善

信息公开是法治政府建设的重要内容之一，也是保障公民知情权、参与权和监督权的重要手段。在法治政府建设的推动下，政府必须建立健全信息公开制度，及时、准确地公开政府信息，接受社会公众的监督。这一制度的完善，不仅增强了政府行为的透明度，而且为法律监督提供了更多的信息和数据支持。公众可以通过查阅政府公报的信息，了解政府的决策过程、行政行为的依据和结果等，从而对政府的行为进行有效的监督。这种信息公开制度的完善，为法律监督提供了更加广泛和深入的监督渠道，提高了法律监督的效果和影响力。

3. 强调行政程序的正当性

行政程序的正当性是法治政府建设的又一重要内容。它要求政府在决策和执行过程中必须遵循法定和步骤程序，确保行政行为的合法性和公正性。这种对行政程序的严格要求，为法律监督提供了明确的监督标准和依据。法律监督机构可以根据法定程序对政府的行政行为进行全面的审查和监督，确保其符合法律规定。同时，行政程序的正当性也要求政府在行使权力时充分听取公众意见，尊重公众的参与权和表达权。这种公众参与和监督的机制，为法律监督提供了更加广泛的社会基础和民意支持。

（二）提升法律监督的权威性和有效性

1. 强化法律监督的权威性

法治政府建设明确了法律的最高地位，无论是政府还是个人，都必须严格遵守法律，无人可以凌驾于法律之上。这种对法律权威的强调，使得法律监督具有更强的威慑力和影响力。政府及其工作人员在行使权力时必须考虑法律的约束和监督，从而减少权力的滥用和违法违规行为。同时，公众也更加信赖和尊重法律监督，认为它是维护社会公平正义的重要力量。这种权威性的提升，使得法律监督在执行过程中更加顺畅，监督效果更加显著。此外，法治政府建设还通过完善法律体系和加强法律实施，进一步强化了法律监督的权威性。法律体系的不断完善使法律监督的依据更加明确具体，增强了法律监督的可操作性和针对性；法律实施的加强，则确保了法律监督的严格性和公正性，彰显了法律监督的权威。

2. 提高法律监督的有效性

法治政府建设不仅提升了法律监督的权威性，还通过一系列措施提高了法律监督的有效性。首先，法治政府建设要求政府及其工作人员严格遵守法律，对于违法行为将依法追究责任。这种严格的法律责任制度，使得政府在行使权力时更加谨慎和规范，有效减少了违法违规行为的发生。同时，当政府行为出现违法或不当，法律监督机构可以及时介入并进行纠正，确保政府行为的合法性和正当性。法治政府建设还推动了司法机关的独立和公正。司法机关作为法律监督的重要力量，其独立性和公正性是确保监督有效性的关键。在法治政府建设的推动下，司法机关的地位得到提升，其独立行使职权的能力得到加强。这使得司法机关在对政府行为进行法律监督时，能够更加客观公正地行使职权，不受其他因素干扰。这种独立性和公正性的提升，大大提高了法律监督的有效性。

3. 构建良好的法治环境

法治政府建设还通过营造良好的法治环境，为法律监督提供了有力的支持。在法治政府建设的推动下，全社会逐渐形成了遵法、学法、守法、用法的良好氛围。公众对法律的信仰和尊重逐渐增强，对法律监督的认同和支持也日益提高。这种良好的法治环境为法律监督的顺利实施提供了坚实的社会基础。同时，法治政府建设还注重培养公众的法律意识和法治精神。通过各种形式的法治宣传和教育活动，提高公众对法律的认识和理解能力。这使得公众在面对法律问题时能够更加理性客观地看待和处理问题，为法律监督提供了广泛的群众基础和支持力量。这种良好的法治环境和公众的法律意识共同推动了法律监督的有效实施和发展。

（三）推动法律监督体系的完善和创新

1. 监督主体的多元化发展

随着法治理念的深入人心，传统的以司法机关和行政机关内部监督为主的监督模式已逐渐转变为更多元化的监督体系。这一转变的一个显著特点是社会监督、媒体监督以及公民监督等新型监督力量的崛起。这些新兴的监督主体以其独特的视角和灵活的方式，有效地弥补了传统监督体系的不足。社会监督，尤其是由各类社会组织和专业机构进行的监督，因其专业性和针对性而在法律监督体系中发挥着越来越重要的作用。例如，环保组织对环境保护法的执行情况的持续跟踪和监督，消费者权益保护组织对消费者权益保护法实施情况的关注。这些社会组织的参与不仅丰富了监督的内容，也提高了监督的专业性和深入性。公民监督则是现代民主社会的重要体现。随着公民法治意识的提高，越来越多的公民开始积极参与法律监督。他们通过举报违法行为、参与公益诉讼等方式，为维护法律的尊严和权威贡献了自己的力量。

2. 监督方式的创新发展

在互联网技术的推动下，网络监督作为一种新兴的监督方式，正在以其独特的优势改变着传统的法律监督格局。网络监督具有信息传播速度快、互动性强、覆盖面广等特点，使得公众能够更加直接、便捷地参与法律监督中。法治政府建设推动了政府信息化和电子政务的发展，为网络监督提供了更加便捷和高效的渠道。政府网站、政务微博、微信公众号等平台的建立，不仅使政府信息更加公开透明，也为公众提供了更多参与和监督的机会。通过网络平台，公众可以及时了解政府的工作动态和政策法规，对政府行为进行实时监督和评价。这种监督方式的创新不仅提高了监督的时效性和互动性，也增强了公众对政府工作的信任和支持。

3. 监督机制的完善与创新

法治政府建设要求建立健全各种监督机制，以确保政府行为的合法性和公正性。在这一过程中，行政问责制度、行政复议制度、行政诉讼制度等监督机制的建立和完善显得尤为重要。行政问责制度是一种对政府及其工作人员进行责任追究的制度安排。当政府行为出现违法或不当情况时，相关责任人将受到相应的处罚和问责。这一制度的实施有效约束了政府行为，提高了政府的责任感和公信力。行政复议制度和行政诉讼制度则为公众提供了更多的救济渠道和方式。当公众对政府行为存在异议时，可以通过行政复议或行政诉讼等方式进行申诉和维权。这些制度的建立和完善为公众提供了更加公正、透明的法律环境，也推动了法律监督体系的完善和创新。

三、法律监督与法治政府建设的协同发展

（一）相互促进，共同提升法治水平

法律监督和法治政府建设在相互促进中不断提升法治水平。法律监督通过确保政府行为的合法性、公正性和透明度，为法治政府建设提供了有力的支持和保障。同时，法治政府建设的深入推进也为法律监督提供了更好的环境和条件。在相互促进的过程中，法律监督能够及时发现并纠正政府在行使权力过程中可能出现的违法违规行为，确保政府依法行政，从而推动法治政府的建设。而法治政府的建设则要求政府必须遵循法律法规，接受法律监督，这反过来又增强了法律监督的权威性和有效性。二者的相互促进还体现在共同推动法治文化的形成和发展上。通过法律监督和法治政府建设的共同努力，可以培养全社会的法治意识，提升公民对法律的信仰和尊重，从而营造崇尚法治、遵守法律的良好社会氛围。

（二）协同应对挑战，共同维护社会稳定

在面对社会矛盾和问题时，法律监督和法治政府建设需要协同应对挑战，共同维护社会稳定。法律监督可以通过司法途径解决社会矛盾，保护公民的合法权益，维护社会公正。而法治政府建设则可以通过依法行政、公开透明等方式，增强政府的公信力和执行力，从而更有效地解决社会问题。二者的

协同还体现在共同打击违法犯罪行为上。法律监督可以依法对犯罪行为进行追究和制裁，维护社会秩序和公共安全。而法治政府建设则可以通过完善法律法规、加大执法力度等方式，为打击犯罪提供有力的法律武器和制度保障。此外，在面对突发事件和危机时，法律监督和法治政府建设需要协同应对。法律监督可以及时介入调查、处理相关法律问题，确保事件的妥善处理。而法治政府建设则可以通过建立健全应急管理机制、提高政府应对突发事件的能力等方式，为应对危机提供有力的支持。

（三）推动制度创新，共同促进国家长治久安

法律监督和法治政府建设在协同发展中可以推动制度创新，共同促进国家的长治久安。在实践中，二者需要不断适应社会发展的变化，不断完善和创新相关制度机制。法律监督可以通过对法律实施情况的监督和反馈，发现法律制度存在的问题和不足，提出改进和完善的建议。而法治政府建设则可以通过推动政府职能转变、优化行政程序等方式，提高政府的治理能力和效率。二者的协同还可以推动司法体制的改革和创新。法律监督可以促进司法的公正性和效率性，提高司法公信力。而法治政府建设则可以通过推动司法体制的完善和创新，为司法工作提供更好的制度保障和支持。法律监督和法治政府建设在制度创新过程中可以共同推动法治文化的深入人心。通过普及法律知识、增强公民法治意识等方式，营造全民守法、用法、护法的良好社会氛围，为国家的长治久安奠定坚实的基础。

第八章　法律监督的实效性评估与改进

第一节　法律监督实效性评估指标体系的构建

一、评估指标体系的构建原则

（一）全面性原则

全面性原则是指在构建法律监督实效性评估指标体系时，应涵盖法律监督的所有方面和关键环节，确保评估的全面性和准确性。这一原则强调对法律监督工作的全方位考量，不仅关注法律监督的结果，还关注监督过程、监督手段以及监督环境等多个层面。

全面性原则要求在设计评估指标时，应充分考虑以下几个方面：一是法律制度的执行情况，包括各项法律法规、规章等在实际操作中的执行情况，以及是否存在执行难、执行不到位等问题；二是法律监督机构的履职情况，如监督机构是否健全、职责是否明确、人员是否配备到位等；三是法律监督的效果，包括监督工作的实际效果、社会反响以及公众对法律监督工作的满意度等。遵循全面性原则，我们可以设计出更为完善的评估指标体系，从而全面反映法律监督工作的真实面貌，为改进和优化法律监督工作提供有力支撑。

（二）客观性原则

客观性原则是评估指标体系构建的重要基石，要求评估指标应保持客观、中立，避免主观偏见和人为因素的影响。在法律监督实效性评估中，客观性原则意味着评估指标应基于事实和数据，而非主观臆断或个人偏好。为了实现客观性原则，我们需要采取一系列措施。首先，评估指标的设计应基于深入的法律监督实践调研和理论分析，确保指标的科学性和合理性。其次，在数据采集和分析过程中，应严格遵守统计学和数据科学的原则，确保数据的真实性和可靠性。最后，评估人员应保持中立和公正的态度，避免在评估过程中引入个人主观意见。通过遵循客观性原则，我们可以确保评估结果的公正性和可信度，从而为法律监督工作的改进提供有价值的参考。

（三）可操作性原则

可操作性原则是指在构建法律监督实效性评估指标体系时，应确保评估指标具有可操作性，便于数据采集、量化和分析。这一原则强调评估指标体系的实用性和可行性，要求我们在设计指标时充分考虑实际操作中的可行性和便利性。可操作性原则要求我们在设计评估指标时，应注重以下几个方面：一是指标的定义和计算方法应清晰明确，便于数据采集和量化分析；二是评估指标体系应简洁明了，避免过于复杂和烦琐；三是评估指标应具有可比性和可衡量性，便于对不同地区、不同时间段的法律监督工作进行比较和分析。通过遵循可操作性原则，我们可以构建出既科学又实用的评估指标体系，为法律监督工作的评估和改进提供有力的工具支持。同时，这也有助于提高评估工作的效率和准确性，为法律监督工作的持续发展奠定坚实基础。

二、评估指标体系的主要构成

（一）法律制度实施效果评估指标

1. 法律普及程度
法律普及程度是衡量法律制度实施效果的首要指标。法律制度的生命力在于实施，而实施的前提是公众对法律的知晓和理解。因此，评估法律制度的普及程度对于衡量其实施效果至关重要。可以通过问卷调查、法律知识测试、社区宣讲活动的参与度等多种方式，全面了解公众对法律制度的认知情况。通过这些方法，我们可以收集到大量关于公众对法律知晓率、法律教育普及情况的数据，进而分析出法律制度在公众中的普及程度。法律普及程度的评估结果不仅可以反映法律制度宣传教育的成效，还能揭示公众对法律制度的接受程度和认同感。如果评估结果显示法律普及程度较低，那就意味着需要加强法律制度的宣传教育，提高公众对法律制度的认知和理解，从而推动法律制度的更好实施。

2. 法律制度执行力度

法律制度执行力度是评估法律制度实施效果的另一个重要指标。强有力的法律制度执行力度可以确保法律制度的顺利实施，维护社会秩序和公平正义。在评估法律制度执行力度时，可以从法律案件的处理速度、执行率，以及执行过程中的公正性等方面进行考核。统计某一时期内法律案件的处理情况，包括案件的受理数量、结案数量、执行到位率等数据，以此衡量法律制度的执行力度。

3. 公众对法律制度实施的满意度

公众对法律制度实施的满意度是衡量法律制度实施效果的最终指标。公众是法律制度的直接受益者和监督者，他们对法律制度实施的满意度直接反映了法律制度的社会效果。在评估公众对法律制度实施的满意度时，可以通过民意调查、反馈收集等方式来获取相关数据，可以反映公众对法律制度实施效果的直观感受和评价。如果公众对法律制度实施的满意度较高，则说明法律制度得到了广泛的认可和支持，其实施效果较好；反之，如果公众满意度较低，则需深入剖析原因，并采取有效的措施改进和完善法律制度的实施。

（二）法律监督机构效能评估指标

1. 机构设置的合理性与适应性

机构设置的合理性是衡量法律监督机构效能的首要指标。一个合理的机构设置能够确保法律监督工作的高效运转，及时应对各种法律问题和挑战。在评估机构设置的合理性时，需要关注机构内部的部门划分、职能分配以及人员配置是否科学、合理，能否满足当前法律监督工作的实际需求。同时，机构设置的适应性也是评估的重点。随着社会的快速发展和法律环境的变化，法律监督机构需要具备足够的灵活性和应变能力，以适应和满足新的法律监督挑战和需求。这就要求机构设置不仅要满足当前的工作需要，还要具有前瞻性和可扩展性，以便在未来的法律监督工作中迅速调整和优化。

2. 人员配置的专业性与工作效率

人员配置的专业性是衡量法律监督机构效能的另一个重要指标。一个高效的法律监督机构需要拥有一支专业、高素质的人员队伍，以确保法律监督工作的专业性和权威性。在评估人员配置的专业性时，需要关注工作人员的专业背景、教育程度、工作经验以及培训情况等方面。高效的工作效率可以确保法律监督工作的及时性和有效性，提高法律监督机构的整体效能。在评估工作效率时，可以通过统计和分析相关人员的工作时间、工作量、工作质量等方面的数据来进行评估。为了提高人员配置的专业性和工作效率，法律监督机构需要加强对人员的选拔、培训和管理。通过优化工作人员结构、提高工作人员素质、完善激励机制等措施，可以激发工作人员的工作积极性和创造力，提高法律监督机构的整体效能。

3. 监督工作的质量与影响力

监督工作的质量是衡量法律监督机构效能的核心指标。一个高效的法律监督机构需要及时发现和解决法律问题，维护社会的公平正义和法治秩序。在评估监督工作的质量时，需要关注监督工作的全面性、深入性和有效性等方面。此外，监督工作的影响力也是评估的重点。一个具有影响力的法律监督机构可以引导社会公众树立正确的法治观念，推动社会的法治进步。在评估监督工作的影响力时，可以从监督工作的社会反响、媒体报道以及公众对监督工作的评价等方面入手。为了提高监督工作的质量和影响力，法律监督机构需要加强对监督工作的规划、组织和管理。通过完善监督工作的流程、提高监督工作的透明度、加强与公众的沟通和互动等措施，可以提升监督工作的质量和影响力，提高法律监督机构的整体效能。

（三）法律监督程序规范性评估指标

1. 合法性

法律监督程序的合法性是评估其规范性的首要指标。合法性要求法律监督程序的制定和执行必须严格遵循国家法律法规和相关政策，确保程序内容不违背法律规定，且在实际操作中能够得到有效执行。在评估法律监督程序的合法性时，应重点关注程序条款是否符合现行法律法规的要求，是否存在与法律相抵触的情况。除了合法性，合规性也是评估法律监督程序规范性的重要方面。合规性强调法律监督程序在实际操作中的规范执行，要求监督人员必须按照既定程序进行工作，不得随意变更或省略程序步骤。评估合规性时，应检查监督程序是否得到严格执行，是否存在违规操作或滥用职权的情况。为了确保法律监督程序的合法性和合规性，相关部门应定期对程序进行审查和更新，确保其始终符合国家法律法规的要求，并适应法律监督工作的实际需要。

2. 公正性与透明度

公正性是法律监督程序规范性的核心要求。一个公正的法律监督程序应当确保各方当事人在监督过程中受到平等对待，其权益得到充分保障。在评估法律监督程序的公正性时，应关注程序是否给予各方当事人平等的陈述和申辩机会，监督结果是否基于事实和法律作出，而非受到其他不正当因素的影响。透明度则是衡量法律监督程序规范性的另一重要指标。透明的法律监督程序能够提升公众对法律监督工作的信任度，增强法律监督的公信力。在评估透明度时，应考察程序是否公开透明，相关信息是否及时、准确地向公众披露，以及监督过程是否接受公众监督。

3. 程序的效率与效能

法律监督程序的效率与效能也是评估其规范性的重要方面。一个高效的法律监督程序能够在短时间内完成监督任务，减少不必要的拖延和成本消耗。在评估效率时，应关注程序的设计是否合理紧凑，能否在最短时间内得出监督结果。效能则强调法律监督程序的实际效果。一个有效的法律监督程序应能够及时发现和纠正违法行为，维护法律的权威和尊严。在评估效能时，应考察程序能否针对具体问题提出切实可行的解决方案，并监督其得到有效执行。为了提高法律监督程序的效率和效能，相关部门应不断优化程序设计，简化烦琐环节，提高程序的执行效率。同时，应加强对监督结果的跟踪和反馈机制建设，确保监督措施能够得到有效执行并取得预期效果。

三、评估指标体系的实施与改进

（一）评估指标体系的系统实施

1. 明确实施目标与细化实施步骤

在实施评估指标体系之前，我们需要对实施的目标进行明确的界定。这些目标的设定应当紧密围绕提高法律监督的效能、公正性和透明度，确保评估工作具有针对性，从而更有效地衡量法律监督工作的实际效果。同时，对实施步骤进行详细的规划也是至关重要的，包括制定合理的时间表，以确保评估工作能够在预定的时间内完成，并避免对工作进度造成不必要的延误。此外，我们还需要明确参与评估的人员及其职责，以确保每个环节都有专人负责，并形成有效的团队协作。在数据收集与分析方法方面，需要选择科学、合理的方法，以确保所收集的数据具有代表性和可靠性，包括对数据来源的筛选、数据收集工具的选择以及数据分析方法的确定等。通过细致的规划，我们能够确保评估过程的科学性和系统性，从而为后续的改进工作提供有利的依据。

2. 建立专业的评估团队

评估指标体系的实施需要一支专业的团队来执行。这个团队应该由具备法律、统计学、数据分析等专业背景的人员组成，他们不仅拥有丰富的专业知识，还具备实践经验，能够确保评估工作的专业性和准确性。团队成员之间需要明确分工，密切配合，共同完成评估任务。每个成员都应该清楚自己的职责范围和工作目标，避免出现工作重叠或遗漏的情况。同时，团队成员之间还要保持良好的沟通和协作，及时解决出现的问题，确保评估工作的顺利进行。为了提高团队的专业水平和工作效率，需要定期组织培训和学习活动，包括对评估指标体系的理解和应用、数据收集和分析方法的掌握以及团队协作能力的提升等。通过这些培训和学习活动，能够不断提高团队成员的专业素养和综合能力，为评估指标体系的系统实施提供有力的人才保障。

3. 确保数据质量

数据是评估的基础和依据，因此确保数据的真实性和准确性至关重要。在实施评估指标体系时，必须对数据来源进行严格筛选和审核，确保其合法性和可靠性。同时还要采用科学的数据收集方法，避免数据的遗漏或重复。在数据处理过程中，需要建立严格的数据校验机制，对数据进行反复核查和比对，以排除错误和异常值，包括对数据的完整性、一致性和准确性的检查，以确保数据的质量符合评估要求。为了确保数据质量，可以采用先进的技术手段进行辅助。这些技术手段不仅能够提高数据处理的效率和准确性，还能提供丰富的信息和洞察。

（二）评估指标体系的持续优化

1. 定期审查与更新评估指标

评估指标体系不是一成不变的，而是随着法律监督工作的变化、社会环境的变化以及评估实践的反馈不断进行调整和优化。因此，定期审查与更新评估指标是体系持续优化的重要环节。在审查过程中，需要对现有的评估指标进行全面的梳理和分析，识别出哪些指标已经不再适用或存在改进的空间。同时，也要关注新的法律监督需求和社会热点问题，及时将这些因素纳入评估指标体系，以确保评估工作的前瞻性和针对性。

更新评估指标时，要注重指标的科学性和可操作性。新的指标不仅要能够真实反映法律监督工作的实际情况，还要便于数据的收集和分析。此外，还要关注指标之间的关联性和逻辑性，避免指标之间的重复和冲突。通过定期审查与更新评估指标，可以确保评估指标体系的时效性和准确性，为法律监督工作的持续改进提供有力的支持。

2. 引入新技术与方法提升评估效率

随着科技的不断发展，新的评估技术和方法层出不穷。引入这些新技术和方法，可以有效提升评估工作的效率和准确性。这些技术不仅能处理海量数据，还能揭示数据背后的规律和趋势，为评估工作提供更丰富的信息和洞察。此外，还可以引入远程评估、实时评估等新型评估方法，打破时间和空间的限制，提高评估工作的灵活性和便捷性。这些方法可以使评估人员能够更及时地获取被评估对象的实际情况，从而做出更准确的评估。

3. 加强沟通与反馈机制促进体系完善

评估指标体系的持续优化离不开有效的沟通和反馈机制。只有充分了解被评估对象、评估人员以及社会各界的意见和建议，才能对评估指标体系进行有针对性的改进和优化。因此，需要建立畅通的沟通渠道，鼓励各方面积极参与评估指标体系的讨论和改进工作。例如，可以定期组织座谈会、研讨会等活动，邀请相关领域的专家、学者以及实际工作者进行深入交流和探讨。同时，也可以利用网络平台等现代信息技术手段，广泛征集社会各界的意见和建议。在收集到各方面的反馈后，需要对这些意见和建议进行认真的分析和研究。对于有价值的建议，要及时纳入评估指标体系；对于存在的问题和不足，要制定具体的改进措施并落实到位。

（三）评估指标体系的长远发展

1. 建立动态调整机制

为了实现评估指标体系的长远发展，必须建立一个动态调整机制。这意味着评估指标体系不应是僵化的、一成不变的，而应是根据实际需要和环境变化进行灵活调整的。动态调整机制的核心在于持续监测和评估现有指标的有效性、相关性和适应性。当发现某些指标已不能准确反映法律监督工作的实际情况，或者新的法律监督需求出现时，应及时对这些指标进行修订或替换。此外，动态调整机制还应包括对新兴领域和新型法律问题的快速响应，例如，随着数字技术的飞速发展，数据保护、网络安全等新型法律问题日益凸显。评估指标体系应迅速将这些新问题纳入考量范围，以确保评估的全面性和前瞻性。

2. 强化跨部门、跨领域的协同合作

评估指标体系的长远发展还需要强化跨部门、跨领域的协同合作。法律监督工作往往涉及多个部门和多个领域，因此，评估工作也不能仅限于某一部门或某一领域。为了实现跨部门、跨领域的协同合作，应建立一个多方参与的评估平台。这个平台应会聚来自不同部门和领域的专家、学者和实践工作者，共同参与评估指标体系的制定、修订和实施过程。通过跨部门、跨领域的协同合作，可以更全面地了解法律监督工作的实际情况和需求，从而制定出更具针对性和实效性的评估指标体系。同时，这种合作方式还能促进不同部门和领域之间的信息共享和资源整合，提高评估工作的效率和准确性。

3. 培养专业人才，推动评估文化的形成

评估指标体系的长远发展离不开专业人才的支持。因此，我们需要加大对评估专业人才的培养力度，提高他们的专业素养和综合能力。包括建立完善的培训体系，为评估人员提供系统的培训和学习机会；鼓励评估人员参与实际的评估项目，通过实践锻炼提高他们的专业技能；建立激励机制，鼓励评估人员进行创新和研究，推动评估工作的不断发展和进步。评估文化是一种重视评估、倡导评估、践行评估的价值观和行为准则。通过宣传和推广评估文化，可以提高全社会对评估工作的认同度和参与度，为评估指标体系的长远发展营造良好的社会氛围。

第二节　法律监督实效性的量化与定性分析

一、法律监督实效性的量化分析

（一）案件处理效率与质量的量化评估

1. 案件处理时长的量化分析

案件处理时长是衡量法律监督工作效率的关键指标之一。通过对每个案件从受理到结案所需时间的统计和分析，我们可以对法律监督机构的工作效

率进行直观的了解。在实际操作中，可以将案件按照不同类型、复杂程度和涉及金额等因素进行分类，然后分别计算各类案件的平均处理时长。这样不仅可以揭示效率较低的案件进行处理，还能帮助法律监督机构合理分配资源，优化工作流程，从而提升整体工作效率。同时，案件处理时长的量化分析还可以作为法律监督机构内部考核和激励的重要依据。通过对比不同办案人员或团队的处理时长，可以发现并表彰那些在处理案件过程中表现出色的个人或团队，从而激发大家的工作热情和积极性。

2. 案件处理结果的量化评估

案件处理结果是衡量法律监督工作质量的重要指标。通过对案件处理结果的量化评估，可以了解法律监督机构在办案过程中的公正性、准确性和有效性。通过对案件的胜诉率、改判率、发回重审率等关键指标进行统计和分析，以此评估法律监督机构的工作质量。胜诉率反映了法律监督机构在诉讼中的胜诉能力，是评价其工作质量最直观的指标。改判率和发回重审率则反映了法律监督机构在案件审查和监督过程中的准确性和严谨性。如果改判率和发回重审率较高，说明法律监督机构在办案过程中可能存在一定的疏忽或错误，需要进一步加强内部质量控制和业务培训。

3. 案件处理的成本效益分析

在法律监督工作中，成本效益分析也是衡量案件处理效率和质量的重要手段。通过对每个案件处理的成本投入和产生的社会效益进行量化分析，可以评估法律监督机构在资源利用方面的效率和效益。对每个案件的人力成本、物力成本和时间成本进行详细核算，并结合案件的处理结果和社会影响进行综合评估。如果某个案件的处理成本过高而社会效益有限，就需要对工作流程进行优化或调整资源分配策略以降低成本并提高效益。反之，如果某个案件的处理成本较低且取得了显著的社会效益，就可以将其作为典型案例进行总结和推广。通过案件处理的成本效益分析，我们不仅可以发现法律监督机构在资源利用方面的问题和不足，还能为未来的工作改进提供有益的参考和借鉴。同时，这种分析方法也有助于提升法律监督机构的管理水平和办案质量，从而更好地服务于社会公正和法治建设。

（二）法律监督成本的量化分析

1. 人力成本的量化分析

在法律监督工作中，人力成本占据重要地位。为了全面而准确地掌握人力成本的投入情况，我们需要对人员编制、薪资福利、培训费用等进行详细的量化分析。在人员编制方面，需要根据法律监督工作的实际需要，合理配置各类人员，包括执法人员、行政人员、技术人员等。通过统计和分析各类人员的数量、职级和薪资水平，可以计算出人力成本的总投入，并进一步分析人员配置的合理性和经济性。薪资福利方面需要关注员工的薪资水平、绩效奖金、社会保险等福利待遇。通过对这些数据进行量化分析，可以了解薪资福利在人力成本中的占比，以及是否存在薪资福利过高或过低的情况。这有助于政府调整薪资福利政策，提高员工的工作积极性和满意度，同时控制人力成本。

2. 物资与设备成本的量化分析

物资与设备成本是法律监督工作中不可或缺的一部分。为了有效控制这部分成本，我们需要对物资采购、设备购置与维护、办公用品等费用进行详细的量化分析。物资采购方面需要关注物资的种类、数量、单价以及供应商的选择等因素。通过对这些数据进行量化分析，可以了解物资采购的成本构成和合理性，进而优化采购计划和流程，降低采购成本。在设备购置与维护方面，需要关注设备的购置费用、使用寿命、维护保养费用等因素。通过对这些数据进行量化分析，可以评估设备的性价比和使用效率，以及是否存在过度购置或浪费的情况。这有助于企业制定合理的设备购置计划和维护保养策略，提高设备的使用效率并控制成本。

3. 时间与管理成本的量化分析

时间与管理成本在法律监督工作中同样不容忽视。为了有效控制这部分成本，企业需要对工作时间分配、管理流程优化等方面进行量化分析。在工作时间分配方面，企业需要关注员工在不同工作任务上的时间投入情况。通过对这些数据进行量化分析，可以了解员工的时间利用效率和工作负荷情况，进而优化工作时间分配和任务安排策略，提高工作效率并降低时间成本。在管理流程优化方面，需要关注管理流程的烦琐程度、执行效率以及存在的问题等因素。通过对这些数据的量化分析，可以发现管理流程中的瓶颈，进而优化管理流程并提高执行效率，降低管理成本并提高整体工作效率。

（三）法律监督效果的长期跟踪与量化评估

1. 持续监测法律监督效果

为了确保法律监督工作的持续改进，必须建立一套长期跟踪机制，对法律监督的各个环节进行持续、全面的监测。这一机制应包括定期收集、整理和分析相关数据，以便及时发现问题并采取相应的改进措施。在长期跟踪的过程中，需要关注多个关键指标，如案件的处理速度、处理质量、当事人满意度等。通过对比分析不同时间段的数据，我们可以评估法律监督工作的整体趋势和变化，进而识别可能存在的问题和瓶颈。此外，长期跟踪机制还有助于我们深入了解法律监督工作的实际效果。观察某项法律政策或措施实施后，相关指标是否有所改善，从而评估该政策或措施的有效性。

2. 运用量化评估方法，客观评价法律监督效果

量化评估方法在法律监督效果的评估中具有重要作用。通过选取适当的量化指标，能够客观地评价法律监督工作的实际效果，从而为改进工作提供有力支持。在量化评估过程中，根据法律监督工作的特点和目标，选择合适的评估指标。还可以引入一些创新性的量化指标，如法律监督工作的社会影响力、对法治环境的贡献度等，以更全面地反映法律监督工作的实际效果。这样不仅可以了解法律监督工作的整体效果，还能发现具体环节中存在的问题和不足，有助于我们针对性地制定改进措施，提高法律监督工作的质量和效率。

3. 整合多元数据源，全面评估法律监督效果

为了全面评估法律监督效果，需要整合多元数据源，包括官方统计数据、调查报告、媒体报道、学术研究等。这些数据来源提供了关于法律监督工作

不同方面的信息，有助于我们更全面地了解实际情况。官方统计数据是评估法律监督效果的重要依据，包括案件数量、处理结果、当事人反馈等。调查报告和媒体报道则可以提供关于法律监督工作社会反响和公众认知的信息。学术研究则能从理论角度对法律监督工作进行深入剖析，为我们提供新的视角和思路。通过整合这些多元数据源，我们就可以对法律监督效果进行更为全面、深入的评估。这不仅有助于我们发现存在的问题和不足，还能为我们提供改进工作的具体方向和建议。同时，多元数据源的整合还有助于我们更好地了解公众对法律监督工作的期望和需求，从而不断提高工作的针对性和有效性。

二、法律监督实效性的定性分析

（一）法律监督的制度环境与执行力度

法律监督的实效性首先体现在制度环境的完善和执行力度上。一个健全的法律监督制度环境能够为监督工作提供坚实的法律基础和操作指南，确保监督行为的合法性、正当性和有效性。同时，强有力的执行力度是制度环境得以落实的保障，要求监督机构及其工作人员必须严格按照法律规定和程序进行监督，确保法律监督的权威性和公信力。在实际操作中可以看到，当制度环境完善且执行力度强大时，法律监督的实效性往往能够得到显著提升。例如，在反腐败斗争中，通过完善相关法律法规，加大对腐败行为的打击力度，能够显著提高法律监督的威慑力和实际效果。然而，当制度环境存在漏洞或执行力度不足时，法律监督的实效性则会大打折扣。

（二）法律监督的社会影响与公众认同

法律监督的实效性还体现在其产生的社会影响和公众认同上。一个有效的法律监督体系应当能够对社会产生积极的影响，提升公众对法治的信任感和满意度。同时，公众对法律监督工作的认同也是衡量其实效性的重要标准之一。在实际工作中，我们可以通过观察社会对法律监督工作的反映和评价来了解其实效性。例如，当法律监督机构成功处理一起重大案件时，往往会引发社会的广泛关注和积极评价，这既提升了法律监督机构的形象，也增强了公众对法治的信心。反之，如果法律监督工作频繁出现失误或不当行为，则会引发社会的质疑和不满，降低其实效性。因此，提升法律监督的社会影响和公众认同是提高其实效性的重要途径。这要求法律监督机构不仅要严格依法办事，还要注重与公众的沟通和互动，及时回应社会关切，增强工作的透明度和公信力。

（三）法律监督对法治建设的推动作用

法律监督的实效性最终体现在其对法治建设的推动作用上。法治是国家治理体系和治理能力现代化的重要标志，而法律监督则是法治建设的重要保障。一个有效的法律监督体系应当能够及时发现和纠正违法行为，维护法律的权威性和统一性，推动法治建设的不断深入。在实践中，法律监督对法治建设起到积极推动作用。例如，通过加强对政府行为的监督，能够促使政府依法行政、科学决策；通过对司法活动的监督，能够保障司法公正、维护社会公平正义；通过对社会组织的监督，能够规范其行为、促进其健康发展；等等。这些都对法治建设产生了积极的推动作用。

三、量化与定性分析的结合应用

（一）数据驱动的定量分析与情境感知的定性解读相结合

在法律监督效果的评估中，可以运用量化分析方法，收集并整理相关数据，如案件处理数量、处理时长、当事人满意度等，通过数学模型和统计分析，得出客观的数据结果。这些数据结果能够直观地反映法律监督工作的效率和效果，为评估提供量化依据。然而，单纯的数据结果可能无法全面反映法律监督工作的实际情况。因此，需要结合定性分析方法，对数据结果进行情境感知的解读。通过深入访谈、观察、文档分析等手段，了解数据背后的具体情境和影响因素，对数据结果进行补充和解释。例如，某个时间段内案件处理数量突然增加，可能并不是因为工作效率提升，而是由于该时期案件发生率本身有所上升。通过定性分析，我们可以更准确地理解数据变化的原因，避免误读和误导。

（二）量化指标体系的构建与定性评价的补充

为了全面评估法律监督效果，构建一个包含多个量化指标的评估体系。这些指标可以涵盖法律监督工作的各个方面，如案件处理质量、工作效率、公众满意度等。通过为每个指标设定合理的权重和评分标准，可以对法律监督工作进行量化评分，从而得出一个综合的评估结果。尽管量化指标体系能够提供客观、全面的评估结果，但也可能忽略一些难以量化的重要因素。因此，需要结合定性评价，对量化评估结果进行补充。定性评价可以关注那些难以用数据衡量的方面，如工作人员的态度、公众的信任度等。通过问卷调查、专家评审等方式，收集各方对法律监督工作的主观评价，与量化评估结果相互印证和补充。

（三）基于量化与定性分析的持续改进策略

量化与定性分析的结合应用不仅有助于全面评估法律监督效果，还可以为法律监督工作的持续改进提供有力支持。通过定期进行量化与定性分析，我们可以及时发现问题和不足，并有针对性地制定改进策略。根据量化分析结果确定需要改进的具体环节和指标。例如，如果发现案件处理时长过长，可以针对该环节进行优化，提高工作效率。同时，通过定性分析，我们可以深入了解问题产生的原因和背景，为制定更有效的改进策略提供依据。例如，如果定性分析发现工作人员对某个环节的操作流程存在困惑或误解，我们可以对该流程进行优化或提供培训支持。此外，量化与定性分析的结合应用还可以帮助评估改进策略的实施效果。通过对比改进前后的量化指标和定性评价结果，可以判断改进策略是否有效，并根据实际情况进行调整和优化。

第三节 基于评估结果的法律监督改进措施

一、提升法律监督的制度化与规范化水平

(一)完善法律监督的法规体系

1. 明确法律监督的主体地位和职责权限

在法律监督的法规体系中,首先要明确的是法律监督主体的地位和职责权限,包括确定监督机构的法律地位、职能范围以及行使权力的方式和界限。通过明确的法规规定,可以确保监督机构在履行职责时有明确的法律依据,避免权力的滥用和越权行为的发生。为了实现这一目标,需要对现有法规进行细致的分析,对监督机构的设置、职责、权限以及工作程序等方面进行明确规定。同时,还应建立完善的责任追究机制,对监督机构及其工作人员在履行职责过程中出现的违法违规行为进行严肃处理,确保监督工作的公正性和权威性。

2. 细化法律监督的程序和规范

为了使法律监督工作更加规范化、标准化,我们需要在法规体系中细化监督的程序和规范,包括监督的启动、调查、处理以及反馈等各个环节的具体操作步骤和要求。通过明确各个环节的职责分工和工作流程,可以确保监督工作的有序进行,提高监督效率和质量。在细化程序和规范的过程中,我们应注重实际操作性和可执行性。具体而言,可以制定详细的工作手册或操作指南,为监督人员提供明确的指导和帮助。同时,还应建立完善的监督机制,对监督工作的全过程进行实时跟踪和监控,确保监督工作的规范化和标准化。

3. 加大对违法行为的处罚力度

为了形成有效的威慑力并维护法律的严肃性,我们需要在法规体系中加大对违法行为的处罚力度。通过提高违法成本来降低违法行为的发生概率是

维护法律秩序的重要手段之一。在具体实施中，可以根据违法行为的性质和严重程度来制定相应的处罚措施和标准。对于严重违法行为可以采取更为严厉的处罚措施，如罚款、吊销执照甚至追究刑事责任等；对于轻微违法行为则可以采取警告、责令改正等相对温和的处罚方式；同时还应建立完善的信用惩戒机制，将违法行为与个人的信用记录挂钩，从而增加违法的社会成本和经济成本。

（二）明确监督标准和程序

1. 制定详细的监督标准

为了确保法律监督工作的准确性和公正性，我们需要制定一套详尽而明确的监督标准。这套标准应当涵盖监督的对象、内容、方式以及频次等关键要素，从而为监督工作提供清晰的指引。具体来说，监督对象应明确界定，包括政府机关、司法机构、公共服务部门等所有可能涉及法律执行的主体；监督内容则需详尽列举，不仅包含对法律法规执行情况的检查，还应涉及对权力运行的监督、对公共资源的分配和使用情况的审查等；监督方式应多样化，既包括定期的例行检查，也应有针对性的专项调查，以及接受公众举报后的及时响应；而监督频次则应根据不同领域和实际情况进行合理设置，确保监督工作的全面性和及时性。

2. 确立严密的监督程序

在明确监督标准后，还需要建立一套严密且高效的监督程序。这套程序应贯穿于监督工作的始终，从监督的启动阶段就应有明确的规划和准备，确保监督工作的有序开展。在调查取证环节，应遵循合法、公正、客观的原则，广泛收集证据，确保事实的真实性和完整性。审查决定阶段则需对收集到的证据进行细致的分析和研判，依据监督标准作出公正的决定。最后的处理反馈环节更是关键，它不仅包括对违法违规行为的处理，还应有对监督结果的公开和解释，以增强监督工作的透明度和公信力。

3. 遵循公开透明原则

在明确监督标准和程序的过程中，坚持公开透明与保密性相结合的原则。

对于不涉及机密、隐私或不影响正在进行的调查的环节，应接受公众的监督，确保公众的知情权和参与权。然而，对于涉密性强或需要保护当事人权益的环节，则应采取适当的保密措施，以确保监督工作的有效性和公正性。通过公开监督标准和程序，让公众了解监督工作的具体内容和要求，不仅能增强公众对法律监督工作的信任感和认同感，还能有效促进监督工作的公正性和有效性。同时，公开透明原则也有助于形成社会共治的良好氛围，鼓励更多的人参与法律监督工作，共同维护法治的权威和尊严。随着社会的不断发展和进步，法律监督工作面临新的挑战和机遇。为了更好地适应社会发展的需要，我们应根据实际情况不断调整和完善监督标准和程序，包括对新兴领域的法律监督进行探索和研究、对监督手段和方法进行创新和优化等。通过持续的努力和改进，以期构建一个更加健全且高效的法律监督体系，为法治社会的建设提供坚实的保障。

（三）强化监督责任的落实

1. 建立健全责任体系

建立健全责任体系是强化监督责任落实的首要任务。在法律监督工作中，必须明确各级监督机构的职责和权限，确保每个机构都能在其职责范围内有效地开展工作。为了实现这一目标，我们需要对现有的监督机构进行全面梳理和评估，明确其各自的监督职责和权限范围。同时，还要加强各级监督机构之间的沟通与协作，形成合力，共同推进监督责任的落实。此外，建立健全责任体系还需要我们不断完善相关法律法规，为监督责任的落实提供有力的法律保障。通过明确法律监督的职责、权限和程序，使各级监督机构在开展工作时有法可依、有章可循，从而确保监督工作的有序进行。

2. 建立责任追究机制

建立责任追究机制是强化监督责任落实的关键环节。为了确保监督工作的严肃性和权威性，必须对监督工作中的失职、渎职行为进行严肃处理，即建立完善的责任追究制度，明确追究的范围、程序和方式，对违法违规行为进行严厉打击。在责任追究过程中，我们要坚持公正、公开、透明的原则，确保责任追究的公正性和权威性。同时，还要加强对责任追究结果的宣传和教育，让更多的人了解责任追究的重要性和必要性，从而形成全社会共同参与的良好氛围。

3. 加强监督工作的考核和评价

加强监督工作的考核和评价是强化监督责任落实的重要保障。为了激励监督机构积极履行职责，我们需要将监督工作的质量和效果与监督机构的绩效挂钩。具体而言，就是要建立完善的考核机制，对各级监督机构的工作进行全面、客观、公正的考核和评价。在考核和评价过程中，我们要注重定量与定性相结合的方法，既要关注监督工作的数量指标完成情况，也要关注其质量和实际效果。同时，还要加强对考核和评价结果的运用，将其作为监督机构改进工作的重要依据，推动监督机构不断提高工作水平和工作效率。

二、加强法律监督能力建设

（一）深化专业培训，提高监督人员素质

1. 加强系统的法律知识教育

法律监督工作要求监督人员具备扎实的法律功底，能够准确理解和运用法律法规。因此，我们需要通过系统的法律知识教育，帮助监督人员构建完整的法律知识体系，包括但不限于对宪法、刑法、民法等基本法律的深入学习，以及对相关法律原理、法律制度的全面了解。通过系统的学习，监督人员能够更准确地理解法律条文，为后续的监督工作奠定坚实的理论基础。在实施系统的法律知识教育时，我们还应注重教育方法的创新和多样性。除了传统的课堂教学，还可以引入在线课程、法律论坛、模拟法庭等教学形式，激发监督人员的学习兴趣，提高学习效果。同时，我们还可以邀请法律专家、学者进行专题讲座，为监督人员提供与业内前沿接轨的学习和实践机会。

2. 强化实战演练与案例分析

实战演练和案例分析是提高监督人员业务能力的有效途径。通过模拟真实的法律监督场景，让监督人员在实践中学习运用法律知识解决实际问题。

同时，结合典型案例进行深入剖析，帮助监督人员理解和掌握法律监督的实务操作。在实战演练中，可以设置各种复杂的法律监督情境，如调查取证、审查案件、制作法律文书等，让监督人员在模拟实践中锻炼自己的应变能力和解决问题的能力。此外，我们还可以组织监督人员对典型案例进行研讨和分析，集思广益、交流经验，共同提高业务水平。

3. 注重职业道德和责任意识的培养

注重培养监督人员的职业道德和责任意识。法律监督工作是一项神圣而庄严的任务，要求监督人员必须秉持公正、廉洁的原则，依法依规进行监督。为了实现这一目标，我们需要通过教育和培训，引导监督人员树立正确的价值观和职业操守。在职业道德教育方面，我们可以通过举办讲座、开展主题教育活动等形式，强调职业道德的重要性，引导监督人员自觉遵守职业道德规范。同时，可以建立激励机制和约束机制，对表现优秀的监督人员进行表彰和奖励，对违反职业道德的行为进行严肃处理。此外，为了激励监督人员不断提升自身素质以更好地履行法律监督职责，我们还需建立定期的业务考核和职业道德评估机制。通过考核和评估结果及时调整培训计划和内容，以满足监督人员的实际需求并促进其全面发展。同时，能够及时发现并纠正监督人员在工作中存在的问题和不足，从而确保其能够持续提高，更好地服务于法治社会的建设。

(二) 加强信息化建设，提升监督效率

1. 构建全国性的法律监督信息平台

为了提升法律监督的信息化水平，首要任务是构建一个全国性的法律监督信息平台。这一平台应整合各级监督机构的信息资源，实现数据的实时更新与共享。通过这样的平台，能够及时获取最新的法律监督数据，对法律实施情况进行全面、准确的把握。在信息平台的建设过程中，应注重数据的标准化和规范化，确保信息的准确性和可靠性。同时，平台应具备强大的数据处理和分析能力，以便对海量数据进行深入挖掘和分析，为监督决策提供有力支持。此外，信息平台还应具备良好的安全性和保密性，确保监督数据不

被泄露和滥用。通过采用先进的加密技术和访问控制机制，可以保障监督数据的安全传输和存储，从而维护法律监督工作的严肃性和权威性。

2. 利用大数据和云计算提升监督决策的科学性

大数据和云计算技术的运用，为法律监督工作带来了前所未有的机遇和挑战。通过收集、整理和分析海量的法律监督数据，我们可以更深入地了解法律实施的情况，发现存在的问题，并为监督决策提供科学依据。利用大数据技术可以对法律监督数据进行趋势预测和风险评估。通过对历史数据的分析，可以发现法律实施过程中的规律和潜在风险，从而提前采取相应的预防措施。这不仅可以提高监督的及时性，还能有效预防或减少违法违规行为的发生。同时，云计算技术为海量数据的存储和处理提供了强大的支持。通过云计算平台可以实现数据的快速处理和高效分析，进一步提升监督决策的效率和质量。

3. 借助移动互联网技术拓宽监督渠道

移动互联网技术的普及和发展，为法律监督工作提供了新的监督渠道和手段。我们可以借助移动互联网技术，开发便捷的监督举报平台，鼓励社会公众积极参与法律监督。通过监督举报平台，公众可以随时随地对违法违规行为进行举报和监督。这不仅可以拓宽监督渠道，还能增强公众对法律监督工作的信任感和参与感。同时，监督机构也能及时获取公众的反馈和意见，进一步完善和改进监督工作。在开发监督举报平台时，我们应特别注重用户体验和数据安全。平台应简洁易用，方便公众进行举报和监督。同时，还应采用先进的加密技术和安全防护措施，确保用户数据和举报信息的安全性和保密性。

（三）优化资源配置，强化监督保障

1. 合理配置人力资源，打造专业化监督队伍

在法律监督工作中，人力资源是最为核心和关键的资源。为了确保监督工作的有效开展，必须合理配置人力资源，打造一支数量充足、专业素质高的监督队伍。一方面，要根据监督工作的实际需要，确定合理的监督人员编

制，并通过公开招聘、选拔等方式，吸引和选拔优秀人才加入监督队伍。同时，要注重监督人员的专业背景和实际工作经验，确保其具备从事法律监督工作所需的专业知识和能力。另一方面，要加强监督人员的培训和教育。通过定期的培训、学习和交流，不断提高监督人员的业务水平和专业素养，使其能够更好地适应监督工作的需要。同时，还要注重培养监督人员的职业道德和责任意识，使其能够秉持公正、廉洁的原则，依法依规进行监督。

2. 提供充足的物力资源，保障监督工作的正常开展

物力资源同样是保障监督工作正常开展的重要因素。为了确保监督工作的顺利进行，必须提供必要的办公设施、交通工具等物力资源。一方面，要加强监督机构的硬件设施建设。提供宽敞明亮的办公场所、先进的办公设备以及必要的交通工具等，确保监督人员能够在良好的工作环境中高效地开展工作。另一方面，要注重物力资源的维护和更新。定期对办公设施和交通工具进行检修和维护，确保其正常运转；同时，还要根据监督工作的需要，及时更新和升级相关设备，提高监督工作的效率和质量。

3. 为监督工作的长期发展提供稳定支持

财力资源是保障监督工作长期发展的基础。为了确保监督工作的长期发展，必须保证财力资源的充足投入。一方面，要加大政府对法律监督工作的财政投入力度。将法律监督工作经费纳入财政预算，并根据监督工作的实际需要和经济发展水平，逐步提高经费投入标准。另一方面，要注重经费的合理使用和管理。建立完善的经费管理制度和监督机制，确保经费的专款专用和合规使用；同时加强经费使用的绩效评估和审计监督，提高经费使用效益。

三、构建多元化的法律监督体系

（一）强化内部监督机制，确保权力规范运行

内部监督是法律监督体系的基础。法律执行机构内部应建立一套完善的监督机制，包括内部审计、内部监察和内部纪律处分等环节。通过定期的内

部审计，可以检查法律执行过程中是否存在违规操作或滥用权力的情况。内部监察则负责对法律执行人员的行为进行实时监控，确保其严格按照法律规定和程序办事。同时，对于发现的违规行为，应依法依规进行纪律处分，以示惩戒。为了强化内部监督的有效性，还应推行权力清单制度，明确各项权力的边界和运行流程，防止权力滥用。此外，建立健全内部举报机制，鼓励和保护内部员工积极反映问题，也是加强内部监督的重要举措。

（二）拓展社会监督渠道，形成全民参与的良好氛围

社会监督是法律监督体系的重要组成部分。通过拓展社会监督渠道，可以广泛吸纳社会各界的力量，共同参与法律监督工作。具体而言，应完善公众举报制度，设立便捷的举报平台，鼓励公众对违法行为进行举报。同时，加强媒体监督力度，允许新闻媒体对法律执行情况进行报道和评论，以舆论压力促使相关部门依法行事。公益诉讼的建立旨在维护国家利益和社会公共利益，通过司法手段对违法行为进行制约和纠正，包括民事公益诉讼和行政公益诉讼两种形式。民事公益诉讼主要指法律规定的机关和有关组织对污染环境、侵害消费者合法权益等损害社会公共利益的行为向人民法院提起的诉讼，而行政公益诉讼则是指检察机关在履行法定职责中发现负有监督管理职责的行政机关违法行使职权或者不作为，致使国家利益或社会公共利益受到侵害的，应当向行政机关提出检察建议，督促其依法履行职责。通过这种方式，不仅能够增强公众的法律意识，还能有效制约和监督法律执行过程，确保法律的公正实施。

（三）加强与其他国家机关的协作配合，形成监督合力

在法律监督体系中，各国家机关之间的协作配合至关重要。立法机关、行政机关和司法机关应形成相互制约、相互协调的工作机制。立法机关应加强对法律执行情况的监督检查，确保法律得到有效实施。行政机关在执行法律过程中，应当接受立法机关和司法机关的监督，确保行政行为的合法性。司法机关则应依法独立公正地行使审判权和检察权，对违法行为进行惩处。

为了加强国家机关之间的协作配合，可以建立定期沟通机制，分享监督信息，共同研究解决监督过程中遇到的问题。同时，推动跨部门的信息共享和协作，打破信息壁垒，提高监督效率。通过这种方式，可以形成监督合力，共同维护法律的权威和尊严。

参考文献

［1］黄必良．刑事诉讼法律监督面临的问题和改进途径［J］．法制博览，2021（24）：77-78.

［2］李国强，王正，张旭东．社区矫正对象漏管法律监督案件的办理［J］．中国检察官，2024（6）：48-51.

［3］张迪．论数字检察背景下协作式法律监督观［J］．地方立法研究，2024，9（2）：50-68.

［4］武汉市汉阳区人民检察院课题组，王爱华，李炜，等．大数据法律监督模型的认识论、方法论和实践论——以武汉市汉阳区检察院刑事案件追缴违法所得模型为例［J］．北京政法职业学院学报，2024（1）：35-40.

［5］马俊．人工智能在环境法律监督与治理中的应用研究［J］．中阿科技论坛（中英文），2024（3）：152-156.

［6］陈婕．基于执行文书的大数据法律监督［J］．国家检察官学院学报，2024，32（2）：86-101.

［7］章志远．行政违法检察监督的功能定位［J］．国家检察官学院学报，2024，32（2）：57-69.

［8］孙宋龙，彭曦，曹俊梅．大数据法律监督模型的理论与实践［J］．检察风云，2024（5）：60-62.

［9］高艳华，李璐．大数据时代背景下法律监督的主要环节与风险管控研究［J］．法制博览，2024（5）：55-57.

［10］孙寒梅，张勇，周硕鑫. 非羁押性强制措施适用法律监督实务研究和探索［J］. 法制博览，2024（4）：102-104.

［11］王炜，张源. 社会主义核心价值观融入检察监督的方法与路径［J］. 人民检察，2023（16）：30-33.

［12］刘志刚，平凡. 法律监督体系与监督能力现代化进程中的检察监督［J］. 河北法学，2022，40（11）：20-45.

［13］张春云，曲浩，崔超然，等. 基于过程监督的序列多任务法律判决预测方法［J］. 计算机科学，2021，48（3）：227-232.

［14］兰楠. 民事生效裁判监督案件的审查思维与方法［J］. 中国检察官，2022（17）：43-47.

［15］吴玉章. 法律权力的含义和属性［J］. 中国法学，2020（6）：282-298.

［16］胡娟. 从履行工会职能探讨劳动法律监督的方式方法［J］. 中国工人，2018（8）：70-71.

［17］赵绵君. 论法律监督方法与途径的创新［J］. 法制博览，2015（34）：181.

［18］尹吉. 检察机关行政法律监督制度发展与完善［J］. 人民检察，2015（19）：24-27.

［19］王守安. 法律监督方式与检察院组织法的修改［J］. 国家检察官学院学报，2015，23（2）：35-45，172.

［20］高连城. 法律监督语境下关于建立犯罪记录制度的思考［J］. 科学·经济·社会，2014，32（1）：114-117.

［21］张运萍. 论行政违法检察监督体制之构建［J］. 湖北警官学院学报，2012，25（11）：59-61.

［22］傅国云. 民事检察调解——法律监督中的替代性纠纷解决方法［J］. 浙江大学学报（人文社会科学版），2012，42（4）：143-152.

［23］马天山，徐子越. 论法律监督工作的科学发展［J］. 青海社会科学，2012（3）：76-80.

［24］彭哲. 论侦查监督模式的数字化转型［J］. 江西警察学院学报，2023

(6): 95-99.

[25] 冷建明, 任妍, 丁发军. 大数据法律监督平台三大功能系统的构建 [J]. 人民检察, 2023 (22): 50-51.

[26] 顾敏康, 宋阳. 检察监督介入行政性失信惩戒的困境与路径 [J]. 湘潭大学学报 (哲学社会科学版), 2023, 47 (6): 81-87.

[27] 司海峰, 郭洪明, 范洪斌. 以 "大数据" 监督模型助力构建基层检察监督体系和监督能力现代化新格局 [J]. 黑龙江省政法管理干部学院学报, 2023 (6): 127-131.

[28] 胡梅奎, 李作. 责任本位视角下检察机关法律监督工作的优化 [J]. 人民检察, 2023 (20): 37-40.

[29] 付盾, 张义清. 中国式现代化视域下法律监督体系化的问题与进路 [J]. 广西社会科学, 2023 (7): 41-47.

[30] 李华伟, 史焱. 大数据赋能法律监督的难点及对策 [J]. 人民检察, 2023 (19): 57-59.